顺势而为

少走弯路，就是最近的路

耿伟（蛋蛋） —— 著

民主与建设出版社
·北京·

©民主与建设出版社，2023

图书在版编目（CIP）数据

顺势而为：少走弯路，就是最近的路 / 耿伟著. -- 北京：民主与建设出版社，2023.11
ISBN 978-7-5139-4433-5

Ⅰ.①顺… Ⅱ.①耿… Ⅲ.①创业－研究 Ⅳ.①F241.4

中国国家版本馆CIP数据核字（2023）第219757号

顺势而为：少走弯路，就是最近的路
SHUNSHI ERWEI SHAOZOU WANLU JIUSHI ZUIJIN DE LU

著　　者	耿　伟
责任编辑	程　旭
出版发行	民主与建设出版社有限责任公司
电　　话	（010）59417747　59419778
社　　址	北京市海淀区西三环中路10号望海楼E座7层
邮　　编	100142
印　　刷	嘉业印刷（天津）有限公司
版　　次	2023年11月第1版
印　　次	2024年2月第1次印刷
开　　本	787mm×1092mm　1/32
印　　张	8
字　　数	172千字
书　　号	ISBN 978-7-5139-4433-5
定　　价	68.00元

注：如有印、装质量问题，请与出版社联系。

前 序

真的越有钱的人，就能变得越有钱吗？

起码在八年前，我就是这么认为的。可在过去的八年间，采访过无数创业者之后，我才清楚地认识到，越有钱的人越有钱，这只是个结果而已。很多时候，大家都会觉得只要有钱，就一定会变得更有钱，钱才是变富有的基础。错！真正让一个人变得富有的，其实是他的认知和思路。

这个结论能从我嘴里说出来其实并不容易，因为八年前的我，也是一个不知天高地厚，自认为可以人定胜天，靠着努力，逆天改命的普通人。

我为什么要写这样一本书呢？

因为这既是我个人的一个小心愿，也是对于蛋解创业的一种内容延续。

提到蛋解创业，很多人都会问，"蛋解"到底是什么意思？

所谓的"蛋"，就是北京人闲聊天的一种方式；而"解"呢，则是用闲聊的方式去解读。那解读什么呢？当然是解读创业了。

八年前的蛋解创业，还只是一档音频播客节目的名字，而我，也只是这档节目的主播。我们用每期采访一个创业者的方式，来聊他的商业模式，聊他为什么会选择创业，聊他在创业过程中遇到什么问题，又是如何解决的问题。没想到就是这样一档从兴趣出发的节目，我整整坚持了八年，其间我采访过的创业者也超过了1000位。

而在这个过程中，我发现听我们节目的很多人，也都是即将打算创业，或者刚刚创业的菜鸟选手。他们之所以会关注我们的内容，无非是想了解到那些他们不曾遇到或正在经历的创业难题以及该如何解决的具体方法。所以，这也是我打算写这本书的主要动力，希望这本书可以成为那些创业小白的防坑避祸指南。

而看完这本书，你到底会收获什么呢？

虽然在这本书里，我讲了很多我对创业的理解和具体方法，比如合伙创业该怎么分配股权和利益，比如你该怎么寻找合伙人以及核心员工，比如怎样借助短视频的红利来帮你的生意赋能。

但请你记住，这些都是所谓的方法，你记住再多的方法，也不如了解事情的底层逻辑，击穿事物的本质。所以希望所有看过这本书，并且打算创业或正在创业的朋友，都能从中悟出你的赚钱之道。

目 录

1. 赚钱的底层逻辑　1

创业要不要去"离钱近"的地方｜3
你真的有那么想赚钱吗｜8
赚钱分难易，"躺赚"的本质是什么｜14
赚钱分快慢，一夜暴富现实吗｜19
该赚谁的钱，付费者决定结果｜24
为什么没有信息差，只有认知差｜31

2. 创业中一定要避开的思维陷阱　37

为什么我不鼓励大学生创业｜39
为什么不要迷信励志故事｜43
为什么输不起的时候，不能创业｜47
为什么创业不是一场豪赌｜52
为什么不要"无脑加盟"｜57
为什么副业赚不了大钱｜62

3. 创业前的必要准备　69

努力的前提是方向对 | 71
怎么找到创业的第一桶金 | 76
创业成功要具备哪些素质 | 81
入局之前，该从哪里收集信息 | 86
为什么不踩坑你就赢了大多数人 | 91

4. 创业中，你要选择什么样的人成为战友　97

为什么一定要选择合伙人 | 99
为什么不要让自己失去主动权 | 104
成为合伙人最重要的素质是什么 | 108
招人重要还是发展业务重要 | 112
初创公司如何招到精兵悍将 | 117
初创公司如何培养优质团队 | 122

5. 行业思考　127

咖啡馆创业 | 129
民宿创业 | 134
预制菜加盟 | 139

健身房创业 | 143

烘焙店创业 | 148

娃娃机的生意 | 152

奶茶店的真相 | 157

火锅店不要碰 | 162

宠物经济 | 167

临期食品折扣店 | 172

6. 短视频方法论　177

为什么创始人要入局短视频 | 179

老板自己成为 IP，有什么好处 | 185

老板做账号，到底要做什么内容 | 189

如何给账号做定位 | 194

如何找到 IP 的差异化定位 | 200

账号每天应该发布什么内容 | 206

详解短视频平台推荐算法 | 212

平台算法 | 216

如何利用短视频变现 | 221

优质卖货文案的"三根柱子" | 225

如何找达人合作，提高变现的效率 | 230

商家如何靠店播带货 | 237

写在最后 | 247

1.

赚钱的底层逻辑

创业就是这样,如果你没有自己的基本盘,不在自己的能力圈发力,内盘不稳,就很容易被风口牵着鼻子走。

创业要不要去"离钱近"的地方

2013年,我还是一个没有发福的稚气少年。那年冬天,我在中关村一间残破的筒子楼里,第一次拿起话筒,录起了我的第一期创业——故事音频。

你可能很难想象,在十年前,一个创业中的热血青年,获取信息还没有今天那么便利。

在智能手机还远未普及的"上古时代",找项目要上百度,链接大佬要蹲微博,很多人甚至还没听说过天使投资是什么。当时雷军的"风口论",响彻大江南北,大众创业,成了有为青年的兴奋剂。那时候我在想,既然我在中国互联网创业的腹地中关村,信息资讯那么发达,为什么我不用自己得天独厚的优势,把这些前沿信息和更多的创业者一起分享呢?

我在2013年8月10日,发布了我的第一条博客,第二天查看后台,我收到了100多条留言。可是,当时最让我吃惊的是,后台留言有几乎90%的问题,都是在问:耿老师,请问最近什么项目最赚钱?

当时我还在想,要是我知道什么能赚钱,那我不也自己上了吗?既然我给不了答案,那我就和大家一样,一路共同学习寻找吧。

结果,这一路,我坚持做了十年。我没找到所谓的"赚钱项目",但我的学习分享之路却走了整整十年。

不仅我在坚持,我发现身边的创业者也很坚持,直到今天,我打开蛋解创业的视频后台,大家问的问题几乎和十年前一样:"请问,最近做什么项目更赚钱?"

风口,还是伪风口

你会好奇,为什么十年前,我做访谈的初衷,是想和大家一同找到"离钱近"的项目,可到了今天,我却成了一个主讲防坑避祸的商业说书人?

因为我意识到了一个事实:根本就不存在所谓的"离钱近"的项目!这是创业的一个基础命题,到底什么是"离钱近"的项目?

有人认为,钱喜欢往哪里跑,哪里就是创业致富的沃土。哪里是人才和资本追逐的"风口",哪里就是当下创业最好的版图。过去的我一度以为,只要找到风口的变化规律,我也能掌握致富的密码。但是,一切都证明,我的认知极其浅薄。

风口看似激荡,但与常人无关。

在我看来,风口分为两种,"事后风口"和"事前风口"。

所谓"事后风口",是那种常人很难预测,但一部分人走运赚到大钱你会后悔没有提早入局的风口。比如,2003年你错过了买房,2012年你错过了移动互联网,所有人事后都会补刀,说一句"要是我知道,我就赚钱了"。可是,让你带着今天的认知,回到当年,你要么兜里没钱,要么还是没那个魄力,这样的风口与你有关吗?

而"事前风口",是资本知道有利可图,为了引诱你上钩蓄意编造出来的风口。而这种风口,最大的问题是人民币还没刮起来,风就停了,简而言之就是"泡沫"。比如,2017年有人告诉你要去做虚拟现实,说那个能拿到融资,结果就是一群赚不到钱的人,在这个行业挣扎了五六年的时间。这样的风口,本质就是自嗨。

纵观未来,风口的风力已经越刮越小。

我们不得不承认,在这个经济下行为主导的年代,能造出风口的机会越来越少。而像新能源、半导体、生物医疗这样尖端的行业,普通人能吃到的红利几乎为零,剩下所谓的"风口",只是人为杜撰、添油加醋的"伪风口"。

能力所在,风口所在

所谓的风口和红利,是一个外界观测到的结果,真正能吃到红利的人,早就比你提前做了准备。

比如说,你看到过去一个学习不如你,能力不如你的同学,做微商提了一辆保时捷,你是不是会想,连他那样的人都赚到钱了，那我要是追了微商这个风口，是不是也能轻轻松松成功？可是，你问过别人为这个成功，到底做过什么准备吗？

这些年，我接触的创业者，既有三年成功上市的互联网厂牌，也有带着刀打枪战、第一次创业的草根老板。

在他们身上，我发现了一个规律：不管什么时代，越是没有创业的新手，刚开始在找项目时，越喜欢向别人打听什么项目"离钱最近"；而成熟的创业家不仅不会从别人口中瞎打听，还会掷下豪言：**因为这个项目是我做的，所以它才能赚钱；不是项目离钱近，而是我离钱近。**

你乍一听，很难不以为他们是在凡尔赛，但通过扒他们过往的经历，我发现一切并没有那么简单。他们之所以敢口出狂言，说"项目会因我而成"，是因为他们在职场或创业失败的阶段，曾经捡到过某个"绝杀"的技能包，又或者浸泡在行业太久，能比别人提早发现用户没有被满足的需求。当天时地利俱备，他们的成功就是水到渠成的。

有人会问了，你2014年做播客，2016年做公众号，2019年做抖音，不都是在追风口吗？你们不也是哪里有机会就往哪里一拥而上？为什么却口口声声告诉大家"创业不能找风口"？

表面上看，5年做过10个平台，我们好像也在跟风投机，但很少有人知道，我们的内容打磨了十年，早就练就了一套完整的做优质财经内容的内功。你看到的"明线"是我们跟风换平台，但背后的"暗线"，其实是我们一直在练内容基本功。

未来我有这个自信，下一个流量风口可能是VR、可能是其他，但只要我们的内功在，我们照样能做出好的避坑内容！

其实创业就是这样，如果你没有自己的基本盘，不在自己的能力圈发力，内盘不稳，就很容易被风口牵着鼻子走，在各种风口之间反复横跳，最后发现，自己永远在做"从0到1"的事情，最终一事无成。

要知道，"离钱最近"的地方，是你"配赚这份钱"的地方。

你真的有那么想赚钱吗

2014年，中关村创业如日中天的时候，你只要有个创业的构想，就有资本主动找上门帮你实现梦想。

我其实也算蹭到了"双创"风口的一名普通创业者。说句实话，我是做实业出身的，我当时对互联网和天使投资也是个门外汉，听别人聊什么GP、LP、天使轮之类的名词，我也一窍不通。我想，为什么我不发挥自己"能说会道"的专长，做一档关于互联网创业解惑的音频节目，给身处局外却想要尝试互联网创业的朋友普及专业的资讯。

不过，这段做音频节目的经历，回想起来还让我心惊胆战，因为我做的每一期音频，都在颠覆我对传统商业的"三观"。我给大家说两个故事。

"赚到钱是件丢人的事"

我还记得有一次，我正准备筹划一期新赛道如何拿到融资的专题。靠朋友推荐，我联系到了一位当时做同城服务O2O正风生水起的创始人，她的公司用了三个月时间，让一个刚组建的团队快速拿到了A轮融资。

我还记得在五道口创业园区的一家小咖啡厅，阳光照在她脸上，浑身上下都是成功的味道。不过我盘问了一圈，脑子里快速运算了一通，我发现如果算上给用户注册的补贴之后，这个模式其实非常不赚钱，甚至不出一个月就有倒闭的风险。

当我提出了我的质疑后，她朝我轻蔑地微笑，说了一句让我至今记忆深刻的话："蛋蛋，在中关村这个地方，谁要是说自己公司账上盈利了，你知道有多丢人吗？"

在我当时的认知里，做商业的本质，难道不就是赚钱吗？为什么到了"宇宙中心"五道口，账上有盈利，会被人当作一个巨大的笑话呢？

因为在当时，我国的移动互联网刚刚起步，智能手机的渗透率提高，为当时的创业者提供了一场千年难遇的"流量红利"。"互联网+"是当时的主流，这意味着创业者有的是战场，能以最快的速度占据用户心智，用"闪电战"抢占流量，战斗结束后，之后的市场价值都是这个创业公司的。

所以，当时主流的创业方法论，叫作"用免费撬动付费"，简单来说，创业者们用免费的产品或者服务最大化吸引流量。但是产品或服务有成本怎么办？没关系，充足的融资就是创业者的弹药，只要经过所谓的论证，长期模式是盈利的，就会有无数的资本送钱给你"烧"。

这套逻辑看上去似乎浑然天成，就是放长线钓大鱼，也有无数像滴滴打车、美团、360等成功案例为蓝本，赚钱是迟早的事。但是十年过去，这套模式的结局又怎么样了呢？

游戏的胜者，现实的败将

这就要从我的第二个故事说起。

为了做好我的创业音频专栏，我会在线下链接很多当时的创业者。我当时为了认识潜在的访谈对象，参加了由创业俱乐部——小饭桌举办的一些活动。

我印象非常深刻的是，当时小饭桌推出的一个沙盘模拟活动。

这个活动邀请了很多当时的创业者，主办方把参与者分成几个组，让大家模拟开一家互联网公司创业。当时我所在的组选择的策略，是"先赚钱活下去"，而另外一个组，成员都是优秀的互联网公司的老板。他们很鄙视我们这套"以赚钱为纲"的方法论，而是选择"先融资"，拿着投资人的钱招兵买马扩大规模。

他们觉得，只要公司能保持现金平衡，在"刀尖"上挣扎着活下去，缺钱的时候有资方输血，等到做到了行业前三，那有的是能"恰饭"赚钱的手段。

你可以猜一下，这个沙盘模拟的游戏最后谁赢了？

在游戏里，我们这一组"先赚钱"的公司，成了当时游戏最大的输家。但是前段时间我做过一次回访，让我最诧异的，是在现实中，那些选"先融资"的组员，他们自己的公司毫无例外关门大吉，而当时我们这群"手下败将"自己的公司，依旧健康地活着。

为什么他们在"游戏里"是胜者，可现实中却落得如此的下场？

因为当时这场游戏的主办方身在移动互联网创业的场域中，他们给游戏设置的所有参数，都有利于"先融资"的一方。比如说他们假设公司用户规模达到一定体量，即便没赚钱，也会有融资自动找上门；再比如说，他们会预设公司后续有很多变现的手段，不用担心有流量之后公司没赚钱的后果。

不过，这些假设，事后来看，每一个都"很傻很天真"。而当时行之有效的这套互联网创业方法论，对很多创业者来说，其实就是毒药。为什么呢？

以赚钱为纲，永远不会输

首先，概率决定了，只有最伟大的公司，才能靠这套方法论赚到钱。

很多跟风者，在选择不以赚钱为目的的时候，忽略了一个"概率预设"，那就是不管在哪个互联网的小战场，真正能留下的王者只有不超过3家。比如"千团大战"这场经典战役，最后活下来的只有美团和大众点评（后来大众点评也难逃被收购的命运），可想而知，用这套方法，"炮灰率"有多高。

而现在唯一留下来的企业，毫无例外都是最伟大的企业。能一骑绝尘的创始人，无论是在自身认知、商业判断、用人能力，以及人财物"锁资源"的能力上，都不是草根能比拟的。况且，即便是活到现在的创业"剩者"，能真正实现盈利的公司也寥寥无几。

连"剩者"都称不上"胜者"，更不要提认知和能力一个准备都没有做好的普通创业者！

其次，不要以为你能赚到"小钱"。

有人会问，即便做不了伟大的公司，那复制别人的成功，赚点"小钱"难道不行吗？

真正的事实是，在效仿伟大的公司时，大部分人只盯着别人赚钱的一面，鲜少有人能真正静下心去论证这一模式的营利性。就像那场沙盘游戏里，大家身处局中，只会人云亦云，看着什么模式在当前有利可图——反正跟风效仿一定"错不远"。

但是，但凡有点正常商业认知的人，都知道这场"击鼓传花"的游戏，演到最后是不赚钱的。真正能赚钱的，只有两类人：一类是明知这个模式无法维系，但还一直乐此不疲用PPT画饼让投资人陪自己演戏的人；另一类就是中途套现离场的人。

但普通人创业，你确定自己有赚这种钱的心理素质吗？

最后记住，"以赚钱为纲"，在什么情况下都不会错！

我所说的"以赚钱为纲"，不是一棒子打死，说"互联网创业方法论"就是错的。我想表达的是，对大部分普通人来说，这个模式与你的能力不具有"适配性"，你玩不转，到最后一定是不赚钱。

　　创业任何时候，都要找你能hold得住的，能让公司活下去的赚钱模式。

赚钱分难易,"躺赚"的本质是什么

有人经常"建议"我,蛋解创业为什么不向项目方收广告费,你们流量这么大,随便推荐一个项目光是拿提成,都能让公司滋润地过上一整年。其实,我们不是不知道推荐项目有多赚钱。但是,当我在后台看到无数的创业小白,因为缺乏辨别能力误入歧途,被骗到十年不能翻身的时候,我的良心告诉我,这种吃"人血馒头"的钱,我们不能赚。

所以这几年我一直在思考,为什么明明大家都接受过九年义务教育,都具备正常的认知能力,但面对很多明眼人一看就知道会赔钱的项目,还会依然被各路"躺赚"的噱头欺骗,纵身跳入火海呢?

算无遗策,还是头脑发热?

大家第一次创业的结局之所以都不会太好,原因其实就四个字：头脑发热。

我给大家讲个关于"头脑发热"的故事。

这个故事,是我私藏了很久的一段"失败往事"。在企业定制礼品创业之后,我赚到了自己的第一桶金,但那时我心里一直有一个执念,我想自己做一款能够看得见摸得着的实物产品。

有句话叫"念念不忘,必有回响",正巧当时我去了一趟香港,在铜锣湾街头瞎逛时,我偶然看到有一个品牌做了一款手机壳。提到手机壳,你可能以为是我们平时看到的印着花纹图案,套在手机外面用来装饰和保护手机的那种手机壳。

然而这群"香港人"研发出来的这款手机壳,来头可不一般。除了装饰功能之外,这款手机壳还在手机的插口处悄悄塞进了一个可以装手机卡的小装置,用手机的人可以自己选择用哪一个手机卡。这样一个精妙的设计,就让一部手机能在不同手机卡上自由转换,这不就是后来手机设计上才想出来的双卡双待功能吗?

你要知道,当时的iPhone系列手机还不支持双卡双待,但是国内很多人用手机却喜欢一个号用来工作,另一个号用于日常生活。这款手机壳恰好填补了当时iPhone系列在国内市场功能的不足。我不由得佩服香港商人敏锐的商业嗅觉,以及他们对国内消费者手机使用习惯的敏锐观察。除此之外,我还了解到,那时候iPhone4刚上市不久,我们打听了一圈国内的手机壳市场,发现都没有商家做这个产品,市场一片空白。

我不由得感叹,这不正是老天赐给我的一个良机吗?在我正拿不定做什么产品的时候,给我如此好的一个启发——做一款适配 iPhone4 支持双卡双待的手机壳。那时国内 iPhone4 销量大爆,即便有人后来跟风,我们也能靠时间差和信息差大赚一笔,后续只要产品能上,我们再去找经销商帮我们找销路,那就是现实版的"人在家中坐,票子天上来"。

这是我第一次创业"头脑发热"的时候。

不出意外,一定有意外。我们一行人立马决定南下深圳,用一周的时间找能给我们的设计开模的工厂。不怕大家笑话,作为"开模"小白,我们选厂子的标准,居然是看价格!我们把开模工厂的费用从高到低排了个序,选了个中间档,然后满怀期待地在酒店里庆祝。

但是,我们硬是等了半个月,模具还没开始生产。最后 iPhone4S 都上市了,我们的模具才刚刚生产出来。而测试的结果给我们浇了一盆冷水,当时我们的手机壳有的是支持双卡双待的,有的则不兼容手机无法使用,测试后的良品率特别低。同时我们也发现,时间不等人。一方面,市场上已经有厂家开始跟进这个项目;另一方面,iPhone4S 都上市了,我们还在做上一代手机的手机壳。不出所料,我们的"躺赚计划"就此宣告失败。

而当我头脑冷静下来,我才恍然大悟:原来决定我们能否靠手机壳赚钱的关键,根本不是我有没有发现这个商机,而是我有没有驾驭复杂供应链的能力!我们连小小的模具厂都无法分辨良莠,即便日后生产出成品,我们又要如何衔接沟通我们的供应链和销售网络?

从产品的利润来说,这也不是一个好生意,注定不是一个长久的买卖。手机壳毛利本身就低,日后还要面临产品更新周期迭代的问题，我们也不具备研发的实力！

庆幸的是，我们交的"学费"，只是开模的费用。要是我们执意做下去，可能损失的就是我们十几年的光阴。这就像一头大象，你只抓住了尾巴，但你完全没考虑到前面还有一个庞大的身躯。

其实我后来观察到**很多的创业者，都是我这样"头脑发热"的受害者！他们总是在"事后诸葛亮"的时候明白真相，但为时已晚！**

他们无意间关注到某个商机，会自以为是地用一堆逻辑，说服自己相信这是一个稳赚不赔的买卖。可是，你自以为的"算无遗策"，本质上就是"头脑发热"，你只有交够足够多的学费，才会意识到原来还有很多影响成功的关键要素，自己压根儿就没有考虑到。

可就是这一个小小的"没考虑到"，有时就是你命运的分岔路口。有的人有路径依赖，"男怕入错行"，坐在"沉没成本"之上骑虎难下，数十年如一日做着不赚钱的买卖；有的人不惜赌上所有筹码，很快亏光了自己辛苦积攒的本金。

识别幻相的能力

其实，影响创业者成功最大的因素，是你是否具备"识别幻相"的能力。

什么是"幻相"？什么是"真相"？

所谓真相，是你的创业项目作为一个商业实体，它的盈利模式到底能不能赚钱？这种赚钱的方式有没有持续性？凭你现在手里的能力和资源，你是否能和这个项目"适配"？

而大部分刚开始创业的人，不仅缺乏必要的商业认知，还缺乏对自己能力的清醒认识，总是当局者迷，等到时候交了学费，才意识到原来做成一个项目需要的不只是一杯水，而是整整一桶水。不仅如此，当自己认知不清醒时，外界的"邪气"很容易侵扰到正气不足、外强中干的自己。

给大家说个我亲身经历的事情。我有段时间，曾经做过"明星火锅店加盟"的系列避坑视频。那段时间，某些明星利用自己的流量公共资源，给和自己利益相关的火锅店大肆站台。他们向加盟的人承诺，会定期到火锅店露面帮助商家造势宣传。

其实业内餐饮从业者都清楚，开火锅店找品牌加盟，存活率非常低，是个很容易赔钱的买卖。很多当时想加盟创业的朋友，看到有明星站台，误以为明星的出席能帮助自己解决客流和热度的问题，大家没见过明星，到自己的店里消费能帮自己解决造势的难题。他们以为有了明星站台，属于自己躺赚的机会来了，即便付出比同行业高30%的加盟费，他们也心甘情愿。

殊不知，这些都是"幻相"，仅此而已。

如果你有清醒的商业认知，你真的问过自己上述我提到的三个问题，你就不难发现，所谓"明星造势"，只能帮得了火锅店一时，却助力不了一世。消费者可能会图新鲜，为了看明星光顾一两次火锅店，但等热度消退，这些加盟的火锅店该不赚钱的，永远不会赚钱。

但是，对于一个个耗尽自己真金白银，为了这个"幻相"支付额外加盟费的朋友，他们搭进去的是自己省吃俭用，从亲戚朋友处借来的，甚至是抵押房产筹集来的启动资金。

赚钱分快慢，一夜暴富现实吗

很多人好奇，作为一个两百斤的商业段子手，我们是如何把高大上的商业项目，讲得如此"接地气"的。

理由很简单，因为我也是做过"高大上"项目的普通创业者，我同样是从一家普通的销售型创业公司，一路摸爬滚打过来的，我经历过普通创业的焦虑和慌张，也体验过小试牛刀、小规模"一夜暴富"的快感。

今天，我就来分享一下自己这段"第一桶金"的经历以及我对"一夜暴富"的看法。

十几年前，我是一个典型"社牛"，爱吹牛侃大山，喜欢到处结交朋友，手里就多了很多京城各大公司的人脉资源。

当时摆在我面前的选择有很多，但我很清楚，我的目标就是赚钱。与其做那些吹牛皮的时候显得自己很厉害，但是很容易做黄的高端项目，还不如盘点我手里的资源，找一个胜率最大的项目入手。

于是我盯上了"企业礼品定制"。

这个买卖并不复杂,并且十分"接地气",简单来说,就是搞定自己积累的各大企业的行政人脉资源,每逢重大节日,给他们设计策划定制节日礼品;淡季时分,我们就承接员工的日常福利。

我的第一次创业,并不是十分顺利。

和很多创业者一样,我首先要应对的是亲朋好友的质疑,他们会反复提醒你:"为什么放着安稳的办公室不坐,每天干求爷爷告奶奶的活儿?""你们赚的就是节假日的钱,别人不采购的时候,你们吃什么?"

在公司的管理方面,我们集中踩了很多雷。一方面是在供应链管理上,礼品采购正如我的亲戚们所言,是个"忙时忙死,闲时闲死"的工作,而且采购压货经常会让公司现金流格外紧张;另一方面,我不会管人,我整天带着几个销售骨干吃喝玩乐,维护所谓的"人情",但公司的人看在眼里,总觉得我在搞偏袒,后来很多人因此离职。

每到深夜,我真的像电视剧里那样,结束工作之后不愿回家,在楼下的车里点一根烟,然后深情地问自己:做企业礼盒到底是不是一个正确的方向?我到底能不能赚到第一桶金?

后来经过一番痛彻心扉的思考,我告诉自己必须坚持做下去。首先,企业礼品的毛利在当时确实高,当时还没有电商,企业采购不像现在这么方便;也因为缺乏比价机制,我们在价格上的溢价空间非常大。其次,我创业的初期是国内经济的高速增长期,当时GDP增速有两位数,不论是企业政府的福利,还是商务送礼，都不缺合适的销路。

而最重要的一点，是我在第一节反复提到的道理，这个买卖，是当时离我能力圈最近的，我最有概率赚到钱的生意。如果做个排除法，我很难找到比企业定制还要"离钱更近"的买卖。

于是，我不顾家人和公司的反对，一心朝着这个目标坚持做了下去。

我力排众议，辞退了当时动摇了军心的几个销售，大力整饬团队；我力主采用灵活用工的模式，不再为撑面子而雇用太多闲时发挥不了人效的闲散人员。我的公司，瞬间从几十人变成了两三个人。人虽少了，但是公司现金流自由了，市场开发的步伐比以前快了不少。

从此之后，公司的礼品销售正式步入快车道，我们在行业的口碑也越来越好。

我还记得，2012年端午节后，采购方纷纷给我打款。我这个没见过世面的穷人，第一次体验了一单业务就进账百万的滋味。当年公司的流水，也顺利突破千万。我靠着这个"有点土"的销售型项目，成功赚到了自己的第一桶金。

如今来看，我的项目早已时过境迁，随着电商的发展，价格也越来越透明，而企业福利的缩减，也让这个行业不再那么吃香。但是，它却让我真实地赚到了属于自己的第一桶金。从速度来看，我的确在当时体会到了"一夜暴富"的滋味。虽然这个行业的路子，现在已经无法复制了，但是关于如何找到你的"一夜暴富"，我想是有借鉴意义的。

一夜暴富的真相

第一，一夜暴富必然有时运因素。

很多人会把自己的一夜暴富归功于自己的努力，但是我们静下心来思考，事实真的是这样吗？

我做企业礼品，当时能拿到结果，说实话跟我自己的努力，关系并不大。甚至我认为当时我看好这个市场的那几条理由，也并不是真正帮我赚到钱的根源。

换句话说，如果当时电商像如今这样发达，企业采购的时候直接上网比价，这个项目一定没有活力空间；如果当时赶上了"八项规定"，政企单位缩减员工福利，我们也铁定要赔。我拿到的"结果"，只能说明我"赶巧"了而已。

所以，你并不用羡慕很多人在短时间内赚到一大笔钱。

你羡慕互联网大厂的员工有年入百万的高薪，但追根溯源，他只是在当年填志愿的时候碰巧学了计算机而已；你忌妒你身边的同龄人手里有几十枚比特币，但是他可能只是当年并不相信比特币能涨，忘了卖而已。

第二，一夜暴富有很强的副作用。

我很喜欢巴菲特的一句话，"一辈子富一次也就够了"。

但是，很多靠时运赚到第一桶金的人，大概率会凭借运气亏光自己所有的钱。这是因为，大部分"暴富"的模式，很难持续复制。

就拿我自己举例，我们的礼品生意，在淘宝和拼多多消除了信息差之后，暴利的土壤就不复存在了。而我们仔细想想，又有哪个能让你一夜暴富的路子，是持续赚钱的呢？

但是，最让人痛苦的一点是，很多赚到第一桶金的人，体验过日入百万，你让他"慢慢赚钱"，一年慢慢挣一百万，他们是无法接受的。这就是为什么你会发现很多习惯了赚快钱的人，日后一再重复"赌徒"模式，在不同暴利项目之间反复横跳，一不小心，全部亏光。

所以，"一夜暴富"并不是"一招鲜"。一夜暴富的前提，是选择好一个具备上升潜力的赛道，并且找到你清晰的"生态位"。

第三，一夜暴富可以复制，但前提是要自己能控制。

事后来看，不管是一开始选择做礼品定制，还是在把基础打扎实以后再选择不断扩大市场，我都有一个共同的考虑因素：我必须在我自己能够控制的范围内发力。

我不敢设想，如果我做的不是企业礼品定制，而是其他那些"看似高端"，但我无法理解、无法控制的赛道，即便一开始能赚到钱，但我的结局一定不会好！

该赚谁的钱，付费者决定结果

前几节的内容，我们一直在强调一个观点："风口"千万不能瞎追，容易把自己追瞎；不能迷信"红利"，它充其量只是骗子的专利。

但是很多创业小白在找项目的时候，一定会有这样的疑问：市面上能做的项目就这么多，大部分有成熟市场的项目早已卷到不行，为什么不去提前布局那些前景光明、一片蓝海的行业呢？

其实，所谓的提前布局，本质上是一个"卡点"的问题。如果十年前，你跑去干新能源汽车，二十年前，你去创业开发短视频平台，那就是"起了个大早，赶了个晚集"。

今天这一节，我们就来讨论如何选时机找项目的问题。

"付费者咒语"

我们每天都会遇到各类千奇百怪的项目，我们拿到项目，都会下意识地分析这个项目在当下到底适不适合创业者。那么，我们怎么快速判断做这个项目的时机是否成熟呢？

我们有个诀窍，那就是看这个项目"谁会愿意付费"。**一个创业项目，往往是那些会为之付钱的人，决定这个项目的生老病死和荣辱成败。**我们团队将其称为"付费者咒语"。

我给大家举两个案例。

第一个案例，是 2021 年下半年火遍大江南北的"元宇宙"。

大洋彼岸的美国，扎克伯格直接把公司名字换成了 Meta（元宇宙），元宇宙第一股 Roblox 的股价上市当天涨幅 34%。抖音上一个叫"柳夜熙"的虚拟人账号一夜涨粉 100 万。

当时我的私信，全部都在问，做元宇宙项目到底能不能赚到钱？这群人觉得，过去十年自己每一次都跟风口擦肩而过，这次再也不想干瞪眼了。元宇宙这波风口，说什么也不能再错过了！

那么，到底谁会为元宇宙的产品付费呢？

我们看到一个很有意思的现象：虽然全网都在说 Web3.0 是未来互联网的主力，即将颠覆现有的互联架构，但我们捋了一遍，为元宇宙付费的，只有一些游戏公司。除此之外，包括 Meta 在内，叫嚣着未来要靠元宇宙"技术"赚到大钱的公司，都很难会在今后一到三年为这个技术买单。

令人唏嘘的是，虽然没有多少人为元宇宙的产品付费，但倒是有不少人为元宇宙的课程付费。据我们所知，某些讲元宇宙知识的老师，倒是靠卖知识付费课赚了几千万。

如果你心里默念"付费者咒语"，你很容易发现，人们不愿意为元宇宙产品付费，是因为很多底层的技术还不成熟，像"脑机接口""五感全沉浸式"这样的关键技术，都还在"子宫"里孕育着。但是，作为一个全新的理念，元宇宙的气氛已经被烘托到这儿了，有无数人愿意付费买课程去了解。

从这个角度看，未来若干年里并没有一个稳定的"商业循环"，可以让财富源源不断地涌入元宇宙这个行业，而你作为"局中人"，又能赚到谁的钱呢？

你可能会说，行业还在萌芽期，技术也在储备和探索，这不正是占坑的好时候吗？可是，你觉得烧钱开发技术的事，是你一个手无寸铁的普通人能干的吗？这样的"机会"，咱小老百姓还是不要凑热闹的好。

第二个例子是养老产业。

现在，很多人都想做养老相关的产业，他们的理由无非就是中国已经是老龄化社会了，未来养老会是个持续增长的万亿市场。

但我们发现，很多做养老的朋友，几乎一入行就是死。

其实你只要默念"付费者咒语"，分析到底谁在为养老产业付费，这个答案就会不言自明。

为什么呢？因为现在最有钱的人是70后，但可惜的是，这群会为养老付费的一代人还没有老。

70后这代人，他们的财富一方面赶上了人均工资的快速增长，另一方面又赶上了房地产的"黄金20年"。可是往前看，现在养老付费的关键群体60后，他们就没那么幸运了。再往后看，80后以及90后在上班时房价就已经涨了，他们想买房的时候，房价已经高到他们负担不起了。

按照这个逻辑推导，养老产业的黄金爆发期，一定是在70后这拨人真正老去以后。他们和当下养老的消费主力50后、60后不同。老人省钱过日子、攒钱活着，他不愿意拿钱去消费，而只有70后这帮人又有钱又有闲，老了之后他们还愿意消费，所以养老产业才会爆发。

所以，现在入局养老产业，是不是有点操之过急了？

付费点=引爆点

当然，研究付费人群，不仅能帮你判断需求的真伪以及入局的时机，更能帮你找到你的"核心用户群"，他们是你的衣食父母。创业成功最关键的一点，就是清晰地了解你的付费人群到底是谁，判断你的产品和服务到底有什么核心优势能让他们心甘情愿地为你掏腰包。

不过，你不要高估了自己洞察你核心用户的能力。

举个例子，如果你开了一家咖啡厅，你认为你的付费用户是谁？你会说，用户不就是附近喝咖啡的人吗？那我随便问你几个问题：

如果想做线下，周围三公里爱喝咖啡的人，是像星巴克那样想找个"第三空间"拍个照片谈个生意的老板，还是像瑞幸那样在手机上下个单到店自提当早餐的办公族，还是找个便利店买杯十元以下的咖啡凑合一下的学生?

如果你想做网红咖啡店,那你知道你投放软广的时候,应该精准到什么年龄、收入、性别和学历标签吗?

再如,你眼馋母婴行业的暴利,想做母婴产品,你可能会想到用户的主力军是宝妈们。但你能否想到,一线城市的宝妈,和一个四五线城市的宝妈,对一款尿不湿的功能偏好有什么不同?你是否知道月薪五千和年入百万的宝妈,给孩子选童话书的时候有啥不一样的标准?

而一个创业小白,最爱犯的错误就是把自己当成创业的中心,忽视为你掏钱的人群。

你爱喝阿拉比卡咖啡,你就以为全世界都喜欢;你想着每个孩子都该喝进口奶粉,你就以为其他奶粉都进不了县城的门。但别忘了,如果你创造的需求别人根本不需要,别说财富自由,你连先活下来都困难!

所以,我给那些创业小白的建议就是,不管你做的买卖是大是小,是在环球影城开个鸡排店,还是从阿里辞职出来创业想做SaaS工具,一定要先把你的用户长什么样子给画出来,颗粒度越细致越好。往大了说,是他们的性别、城市、年龄、收入、家庭、婚育、学历等"标签化"的信息;往小了说,甚至要搞清楚他们一天是怎么度过的,手机上最常用的App是什么,刷抖音最喜欢刷什么类型的账号,日常的焦虑是老板不给升职加薪,还是"老公爱不爱我"等这样"叙事化"的细节。

"用户画像",不是虚焦的数字,而是一个个鲜活的"人"。你只有理解了人,才可以洞察用户的"付费点"。这个付费点,也就是创业成功的"引爆点"。

如何研究透"为你付费的人"?

当然,找到你的"引爆点"只是开始,定义好了你的付费人群,就像射击的时候找准了靶子,探险的时候找到了地图。接下来,有两步必不可少的工作:一是"匹配",二是"放大"。

所谓"匹配",就是看你预设的产品和服务,和你画出的用户画像是否一致。如果不匹配,只能要么"重塑产品",使之适应用户;要么框定产品,并反推用户是谁。

所谓"放大",就是在验证了产品和用户的适配度之后,再重新去思考怎么让你的付费用户更多,重新去构造放大流量的方法,寻找更有效的传播渠道。

光是这样还不够,得想着怎么让你的用户付费后还能夸你,还心甘情愿地为你做宣传。

定位好产品,不断锁定精准用户,先匹配,后放大,这是很多创业后起之秀的"逆袭密码"。

比如知名的运动品牌安德玛,它凭什么能突破阿迪达斯和耐克几十年的江湖地位?要知道最开始,这家公司是靠给专业运动员做服饰起家的,但是这个市场太小了,公司也没钱打广告找代言,那么,它是怎么做大做强的?

一次偶然的机会,安德玛发现自己的一款胸衣的塑形效果特别赞。那么,谁最需要塑形胸衣,并且能起到很好的宣传效果呢?毫无疑问,健身教练。于是,它找到了大批健身教练,并把这些衣服免费送给他们。当学员和其他撸铁达人发现穿上安德玛的衣服能完美展示自己流汗换来的健身痕迹的时候，这款衣服就正式破圈了。

先确定优势产品的"付费逻辑"是显身材，再用这个付费逻辑去倒推精准的人群，安德玛的产品营销和品牌裂变不费吹灰之力、不花一分钱就完成了。

所以，看清"谁会为你付费"，对你的产品定位和品牌营销，会起到"四两拨千斤"的作用。

为什么没有信息差,只有认知差

作为一个创业博主,我最常听到大家问的问题:能不能靠某个"信息差"项目赚到钱?

经常有这样一种观点:"你如果知道别人不知道的信息,那么,赚钱就跟呼吸一样简单。"比如,70后那一代,只要稍微有点脑子和胆子,遍地都能捡到银子。有的人,把电视机、电冰箱从北京倒到云南,再把云南的普洱茶搞回北京,来回几趟轻松就能做成"万元户"。

当时创业起家的,的确都是"信息套利"的顶级高手。有的人靠信息差成为我们这个时代的"食利者",还有的人靠信息差变现赚到钱,甚至成了大佬。

"万通六君子"当年就是靠着一纸批文,在海南入局房地产,把拼凑的3万块生生翻了一千倍;"玻璃大王"曹德旺1984年去武夷山旅游了一趟,偶然听到做汽车玻璃简直是暴利的消息,又想到国内几乎没人入行,就抓住了这个"信息",专注生产汽车玻璃，成就了现在的福耀玻璃。

真想感叹一句，在那个"有钱都买不到东西"的时代，信息比奢侈品还贵。

那么，现在呢？

信息差赚钱，门槛并不低

信息差赚钱的本质到底是什么？我们这个时代，还能靠信息差吗？

我一直认为，现在你想靠"信息差赚钱"，比在股市里不亏钱的难度还要大。原因很简单，就是信息本身的流通速度更快了。

20世纪90年代的人，为什么只要手里拿一部"大哥大"，腰里别个传呼机，站在人群里会特神气？不是因为大哥大只有老板才能买得起，而是因为，有了大哥大，跟别人交换"赚钱商机"信息的流通效率就会变高。

但互联网出现后，商机实现了"平权"，很多"别人不知道、只有你知道"的信息的传播效率提高了。比如，你发现抖音算法的某个漏洞，准备发条"短视频"告诉那些处在信息洼地的其他小白，在你发视频的那一瞬间，"信息差"就消除了。

而且，现在很多人都没看到，靠信息差赚钱不是"无摩擦""零成本"的，这个门槛只会越码越高。

有人反驳我，现在很多赚到钱的跨境电商，不就是赚外国人不知道中国人便宜的货源和产地吗？但是，大部分小白都忽略了这个赚钱的门槛和成本。你真的可以自己肉身在中国，就轻松地把中国的尿盆卖到美国当饭盒吗？

第一，你忽略了入场成本。

你可能知道中国尿盆的十大名产地，能算出哪里出厂价最便宜，但你要想把尿盆转运到美国，首先得有物流成本吧。

人家的物流可不是9.9元包邮。走个海运，一公斤就要几十元，而且海运根本就不收你的散件；走个空运，动辄一公斤100多元，你30元批发的大尿盆，加上缴税，成本就变200元，现实版的"豆腐盘成肉价钱"。

那我用亚马逊的自建物流可以吗？当然可以，不过你得压货，这又非千万级流水的玩家不可。

第二，你忽略了认知成本。

以前的信息差，卖的是谁都知道的小物件，但现在光了解商品信息，哪能够呢？

淘宝都没玩明白，你确定美国的亚马逊你就能马上搞明白吗？电商小白，听说过什么是"直通车"，什么是"钻展"吗？即便你玩过，问你个扎心的问题，你的客户是外国人，你的英语能流利到和人家对话吗？

要知道，在这个专业化的时代，靠信息差赚钱，意味着你必须快速钻到一个你完全陌生的领域，即便你听到了什么消息，到头来也会发现：**自己的新知和顿悟，不过是别人的基本功。**

认知差才是"财富密码"

我在短视频里曾经聊过一个"用淘宝炒股"的故事。

有个很厉害的哥们儿,他会用淘宝的后台"捡金子"。他没事儿就爱用后台看各种行业的数据,看什么东西在电商平台上卖得好,卖得多。

比如同样是酱油行业,通过搜索,他发现这个品牌最近销售暴涨,就赶紧买了这家公司的股票,一般上市公司的财报都会滞后发布,所以他就靠这个时间差狠赚了一把。

你看,他知道的信息别人也知道,但他把淘宝的电商数据和股票市场的运作规律一结合,对一般人没有任何意义的数字,就变成了他的财富密码。这就是靠"认知差"赚钱。

所谓认知差,就是面对一个"尽人皆知"的信息或资讯,你用"解码信息"的能力,捕捉到常人看不到的商业洞察。

别人听到的是噪声,而你却能解读出里面的赚钱信号。互联网飞速发展的当下,我们在获取信息的渠道上已经没有优势了,但对信息的理解方式,却能成为你的"护城河"。

"认知差"从哪里找?

那么,我们应该如何构建自己的"认知护城河"呢?

我有一个观点,**信息差赚到的都是"偏财",而且会让人上瘾;但靠认知差赚到的钱是"正财",安全且持久。**

信息差能让人以最快的速度赚第一桶金,这的确没错。但命运给你的馈赠，暗中都标好了价格。现在可利用信息差赚钱的窗口期越来越短，很多热衷于做信息差项目的人，吃完了这一波红利，立马就像打游击一样跑到下一个项目。

显然，他们上瘾了。一个赚到过快钱的人，是很难接受慢慢变富的，所以我几乎没听说过爱做信息差的人有专注在某个行业从而做大、做强的。很多信息差创业者，做到最后几乎都成了"专职炒家"。

只有那些专注在一个行业，"一条路走到黑"的创业者，最后才能收获远超外行的认知优势。所以，创业者认知差该怎么找？只能源于你对某个行业的长期深耕。

只有深耕某个行业，你才能比别人获得更多的信息。信息差虽然不再神通广大，但它仍然至关重要，因为认知差需要有足够多的信息差，只有在摄入足够信息的前提下，量变才会发生质变。

深耕某个行业，最大的好处是你能收获一种"内行"视角，和"外行"相比，你对现象会有更加高级的思考方式，也能对你的用户有更加深入的洞察。在此基础上，你离发现认知差就不远了。

2.

创业中一定要避开的思维陷阱

如果割舍不了过去的种种"好处",不断放大创业失败的"坏处",创业对你来说,一定是场"豪赌",永远都是高付出低产出。

为什么我不鼓励大学生创业

2014年,中国互联网餐饮创业的当打之年。出于做音频节目的需要,在2015年之后,我结识了很多做互联网餐饮的从业者。我以为,做餐饮的人,像我这个年纪的"中年油腻大叔"会偏多。

然而,当时叱咤互联网餐饮的人,居然只是一群让很多餐饮老兵嗤之以鼻的"小年轻",虽然其中不乏很多名校出身的大学生。

我就在思考,为什么在互联网餐饮的赛道,大学生扎堆的现象尤其普遍?究竟是互联网创业的大学生选择了餐饮,还是互联网餐饮的发展,恰巧选择了大学生?

成功不是神话

在讨论这个问题之前,我们先来看一个成功的案例。

互联网餐饮的红利当中,有一个叫作"张天一"的"怪咖"。为什么要说他"怪"?因为他是北京大学法学院的硕士,他放着好好的律政精英不做,反而在北京中关村附近创业,卖自己湖南老家的米粉。

不过,我认识的张天一,是一个极其有商业嗅觉和互联网营销能力的人。

首先,他在对时机的把握方面是一个难得的"天才"。2013年,国家开始大力鼓励"大众创业,万众创新",尤其关照大学生群体。张天一告诉我,他在创业以前,明显地能感觉到属于他的时代就要到来了,前方有使命在召唤他。

另外,他几乎是我当年观察到的90后当中,一个网感极强的"鬼才",他没有上过商学院的课,就知道如何用最具湖南当地特色的方言"霸蛮"给自己的品牌做定位;在当时营销费用很有限、传播渠道不多的情况下,他就学会了用最小的成本,在不同的自媒体渠道上给自己贴"硕士米粉"的标签,用现在的话来说,就是通过打造自己的个人IP给品牌赋能。

可以说,张天一是我见过的最具自我营销能力的创业者。早在十年前,他就已玩转自己的"高才生创业""理想主义者""具有营销思维的餐饮人"这些标签,在不到一年的时间里,他就已经在北京开设了8家门店,多次受到资本的青睐。

哪怕到了现在的"创业寒冬",张天一创立的"霸蛮品牌"历经好几次行业的大洗牌,还依旧通过多次品牌迭代,成为餐饮业的一个"不老神话"。他也逐渐从一个抢滩风口的创业弄潮儿,蝶变成一个成熟的餐饮创业者。

不过，我提张天一的故事，并不是想假借他的成功故事，去证明大学生创业的可行性和可操作性。相反，回顾张天一成功的过往我发现，创业根本不适合当下的中国大学生。

张天一的这条创业路，其实中途饱受不小的争议。在一个节目中，一度以"敢言"著称的格力老板董明珠对他的做法并不认同。相反，董小姐认为，身为一个北大的高才生，张天一选择卖米粉是对国家教育资源极大的浪费。而当时的张天一非常坚定，他认为，北京就是缺一碗好吃的米粉，卖米粉同样有价值，同样对社会有帮助。

他们的这段对话，讨论的其实是大学生创业最致命的两个问题：第一，大学生创业到底做什么？第二，大学生花了很多时间接受自己本专业知识的洗礼，结果却在毕业后干一些和自己专业并没有关系的事情，这到底对自我发展有没有长远的帮助呢？

大学生创业到底做什么

我们不得不承认，大学生不管是在校创业，还是毕业后直接加入创业大军，供他们选择的行业都少得可怜。

大学生在选择创什么业的时候，清一色用的是"排除法"。我和同事们开玩笑说，大学生创业就像是逛超市，看一眼芯片、新能源、高端制造这些"大玩具"，掏一掏口袋，发现里面根本没钱，索性直接放弃。

但是就像是小孩子逛超市，不买点东西拿手里心里会难受；大学生创业也一样，为了让自己有点事做，不管好坏，总要找点事情来搞。

所以你会发现，大部分大学生创业，到最后要么是和朋友众筹搞个奶茶店，要么是和父母要钱加盟了悦刻卖点电子烟，或者去抖音拍点段子直播赚点打赏钱。总而言之，几乎就是为了上路而上路。

回到一开始那个问题，为什么2014年很多做互联网餐饮的创业者，几乎都是大学生和毕业不久的年轻人？因为"餐饮"的确是为数不多的，不需要什么门槛就能白手起家的行当之一。而放到现在，真正能留给大学生来做并且能赚到钱的赛道，我们扪心自问，究竟还有多少呢？

另一方面，2014年的"互联网餐饮"还算一个新的业态，很多传统餐饮人对互联网的玩法接触没有那么快，比起这群"生瓜蛋子"也还"慢半拍"。再加上那个时候，天使投资的风潮刚刚开始，这拨年轻人只要有一点成绩，搞到融资相对来说并不困难。所以，那个时候"互联网餐饮"是大学生的首选，这并不代表大学生做互联网一定能成，只是"时机"使然。

这些年我回过头再去看，当时那群从"互联网餐饮"拿到钱的"小朋友"，能顺利活下来的几乎没有，而那些乐于向"年轻品牌"借鉴经验的传统餐饮品牌，业绩则直接翻了好几倍，老板都开上了劳斯莱斯。

所以，**大学生创业最大的弊端，就是选择极其有限，即便碰到"时运"之时"闹得欢"，也会在潮水退去之后，因为"内功"修炼不够而重新回到社会。**

为什么不要迷信励志故事

千万别把前人的成功秘籍，当成自己创业的致富密码！

在早期中国的互联网创业界，有种非常流行的C2C模式。这里的C2C，是Copy to China的缩写，说的是把美国成功的互联网模式拷贝到中国的市场上来。

那时候，很多国内创业者写商业计划书的时候，都喜欢说"我要做一款中国版的×××"。投资人给项目估值的时候，也喜欢找一个美国的公司对标，看看这个项目在中国值多少钱。

不过，互联网走过了二十年了，这种"照搬老美"的思路，早已被证明是"伪逻辑"。你会发现，中国现在混得风生水起的公司，没有哪一家是从美国那里学来的，当年那些抄美国的创业公司，没有一家还留在公众视野。

现在，很多外国互联网公司反而在学我们当年的做法，到中国抄起了互联网项目。不过，他们的命运和我们当年那些失败的公司，没有太大区别。

一份错误的通关地图

为什么抄袭别人的成功故事,就注定离死不远?

我先讲一下海底捞的故事。海底捞在火锅界一直是爱马仕级别的存在。疫情之前,它在全球有800家门店,而一家普通的火锅店,别说扩店了,光是活下来都成问题。在中国,一家火锅店的平均寿命是500天,整个行业都指着海底捞拉高平均数。

很多做火锅的同行就纳闷了,海底捞是不是有什么成功的秘籍?凭什么大家用的都是牛油锅底,进的都是最新鲜的鸭肠、毛肚,顾客就只认你不认我?后来这个秘籍找到了,就是海底捞极致的服务。同行们坐不住了,个个都到海底捞门店"朝圣",想把他们极致服务的"九阴真经"偷回去悄悄练。

他们偷得干净,每天三班倒,就躲在别人店里涮火锅,笔记本里全是海底捞员工的服务细节。你别说,他们学得还真彻底,回去给员工又是涨工资,又是定激励,心想着离"海底捞第二"就快不远了。

但是,这些模仿海底捞的火锅店,不但没做到"海底捞第二",还一家接一家地破产倒闭了。

难道是秘籍练错了?

修炼"秘籍",为何非死即残

不知道你发现没,我们很多创业者都爱"偷师学艺"。

火锅店老板们到海底捞"学艺",走C2C模式的创业者去美国"偷师",这些人都是这种创业思维最直接的受害者。

他们看到别人成功,就好像看到了一本绝世的"武功秘籍",谁先拿到手,谁就能统领江湖。可是这群人,还没等练成真功,就先"走火入魔"了。

为什么会"走火入魔"?因为在商业思维没成形的时候,你只能学到一招半式,无法领悟秘籍的真正内涵。

就拿海底捞来说,他们的成功靠的是服务,但这并不是故事的全部。

研究海底捞财报你会发现,海底捞给到员工的薪酬奖励,在全行业里是最高的,这也是他们能做到极致服务的最关键的原因。但仔细看你会发现,他们的租金和原材料成本,低到你无法想象,这才是人家的秘籍所在。

为什么他们房租低?因为海底捞这个名字,就自带光环。很多人去商场,不是要逛商场,就是要去吃一顿海底捞。所以很多商业地产公司,会用极低租金去吸引海底捞的入驻,这个优势,是任何一家火锅店都比不了的。

为什么进货价更低?因为海底捞的顾客多,向供应商拿货的时候话语权也更高,甚至很多生鲜批发商会抢着给海底捞供货,就是为了给自己打上"海底捞供货商"的背书标签。

所以,海底捞做的,实际上是把省下来的租金和采购成本,补贴到员工的支出上,让他们更有动力服务好顾客。而更好的服务,既带动了更多的客户,又能让租金和采购成本尽可能降低,这样品牌就被盘活了。

但是,一家火锅店,如果只是盲目地学海底捞的服务,一味地给员工涨工资，成本是永远顾不住的。服务上去了，但房租和食材的成本，你不可能做到人家那么低吧？所以，表面上看客人是比以前多了，但算账的时候，发现客人越多，自己亏得越惨。

所以，学别人的秘籍，光有"一招半式"是不够用的。你以为你看到了别人成功的全部，但那只是系统里的单一要素。这就叫"四不像"创业。

优步到中国干不过滴滴，爱彼迎挣扎了几年最后被美团接手。为什么当年美国很多互联网公司到中国会水土不服？为什么做"中国版×××"的公司都逃不了短命的结局？

因为换了一个环境，系统内原先奏效的那些要素会全线失灵，而你一旦无法快速适应，就会立刻出局！

我必须提醒你，创业的过程中，你可以学习别人，但你一定要时刻提醒自己：**比标准答案重要的，其实是解题过程。在创业的路上，过程比结果更重要。**

为什么输不起的时候,不能创业

缺钱的时候创业,无异于服毒自尽!

你可能不知道,很多人走上创业这条路,并不是自己想创业,而是被现实所迫。他们当中,有的人欠下了巨额网贷,有的人公司破产,有的人遭遇过诈骗,实在是走投无路,只能试图靠创业快速翻身。

然而,创业根本没有"逆天改命"这一说。相反,你手里越没筹码,越会输得比之前还惨!

没钱的时候,动作必然变形

不是说人会"穷则思变"吗?不是说一个人越渴望钱的时候,就会越有动力挣钱吗?那为什么我要告诉你,缺钱的时候千万不能创业呢?

答案很简单:心态。

缺钱会让你无比短视。

你现在开了一家公司,有两个业务。甲业务预付款10万元,尾款10万元,但项目方在一年之后才会结清费用;乙业务没有预付款,合同金额500万元,但要一年后才能打款。两个项目都没风险,占用的人力一样。

如果你现在正急着用钱,公司等着给员工发工资,你会选哪一个?

这是一道再简单不过的算术题。现金流的压力,让你只能放弃"高回报、见效慢"的项目。为了自己的生活,为了公司能存活,你不得不向现实屈服。

这就叫作"人穷志短"。

缺钱时,做任何事你都会草草了事!

我们再举一个例子。有两个创业者,同时起步创业做短视频。A同学轻装上阵,B同学负债累累。你可以大胆猜测一下,半年后,谁成功的概率会大一些?

做账号有个秘诀,叫作"慢就是快,越快越慢"。所谓"慢就是快",就是你必须沉下心来,一条一条打磨你的内容。第一条没有爆没关系,只要坚持发布,持续优化你的内容,平台会看到你的努力,把给你的流量,一点点往上加。

而"越快越慢"说的是,不能一有粉丝就立马接广告变现。在100万粉丝和5万粉丝的阶段,接到的广告的档次和费用可是天差地别的。如果你一有点粉丝就急着发广告,不仅接不到什么好广告,还会因为疯狂恰饭的举动让粉丝不得不取关你。

所以我们可以预见,负债累累的B同学的账号很难做好。

不管是写文案还是拍视频，静下心来很重要，如果脑子里净琢磨怎么快速接广告，你怎么能静下心来输出优质的视频？就像A同学不缺钱，能熬到100万粉丝再变现，但B同学就做不到！

不光短视频如此，任何一个行业都是如此，只有那些能沉下心来、耐得住寂寞持续耕耘的人，才能成为"二八法则"里能赚到钱的那20%。**没有现金流的压力，做事才能留有余地，你交付的产品才会更有创造力。**

你有多长的"风险忍受期"

那手里到底要有多少钱，才能撑得起一个项目呢？

这里我就要和你聊一聊"周期匹配"的重要性。

首先我们说，任何一个创业项目，都有一个自然生长的商业周期。

比如，一家餐饮门店必须撑过三个月，客流才能稳定；一个美妆类短视频账号，粉丝必须到10万才能稳定变现；一家养猪场，从买仔猪到把它们养肥，至少要10个月。

这就好比种庄稼，必须经过春生夏长、秋收冬藏。这是自然规律，是不以你我意志为转移的。商业同样如此。

为什么缺钱不适合创业？因为你手里的资金，根本无法支撑你熬过项目的"自然生长周期"。我们创业的启动资金不用很多，但是必须能保证风险的"忍受期"，要刚好匹配得上项目的"自然生长期"。

这是我们在测算任何一个项目盈亏收支的时候，最底层的逻辑。

比如，你要开一家奶茶店，不是要算奶茶店到底要投入多少钱，而是要看你能忍受这家店多长时间不赚钱。如果你签的房租是押一付三，三个月之后奶茶店不赚钱，你就得卷铺盖走人，你测算的时候就该想，三个月内，我这家店能否步入正轨。

再比如，你听说光伏入户，国家会给补贴，考虑要不要自己家里也装一台，一来可以自己用电，二来可以把电卖给电网公司。这个时候你该计算的不是你手里的钱够不够自己买上一台发电机组，而是要考虑到底多长时间能回本。要是国家政策变了，回本周期变长了，这个风险你能否承受？

任何一个创业项目要成功，前期条件一定是两个周期不能"错配"。

所以为什么说创始人的"现金流管理"能力很重要，融钱的能力更重要？因为你会发现当你的公司步入正轨，手里面既有现金流业务，也有新兴业务时，真正考验你的，是你能否在不同业务之间，做到现金流的"动态匹配"。而很多创业公司之所以要来回融资，本质上是为了延长自己承受风险的周期。

钱不是越多越好

那你可能会问了，没钱不适合创业，那是不是我手里的钱越多，项目就越容易成功了呢？

其实并不是这样。用钱最佳的状态，其实是"刚刚好"。

我先举一个我们公司的例子。我们公司的第一笔收入是100

万元，那个时候，我们的账上第一次有了可以自由支配的现金。我非常清楚地记得，在有了钱之后，我的心态完全变了，我想的是怎么把场地扩一下，怎么把之前因为预算搁置的项目推一下。

用了不到10天，我就把这100万元花光了，然而公司并没有因此多挣一分钱。

之所以把这段经历"当街示众"，是因为我想提醒大家：创始人其实很容易走极端，没钱的时候天天哭穷，一有钱了就开始"精致穷"，不该花的钱还就怕没地方花，就像赤裸裸的"暴发户"。

钱这个东西，没有的时候让你万事不顺手，而一旦多了，又会让你做事不保守。这都说明，创业者在对待钱的态度上，很容易不成熟。这个时候一定要提醒自己，只要自己的钱能维持项目的自然生长，刚刚好就够了。

少一分做不成，多一分做不好！

为什么创业不是一场豪赌

我发现,创业很像钱锺书笔下的"围城":打工人想去创业,因为他们不想被资本家压榨剩余价值。他们羡慕创业者不用打卡,不用加班,不必赶截止日期,每天有一群人为老板赚钱。可是创业者真的这么想吗?

在老板们看来,自己才是给员工打工的。

硅谷著名的投资人,《创业维艰》一书的作者本·霍洛维茨对创业有个非常生动的描述,他曾说:"创业的8年时间里,我只过了3天顺心的日子,至少经历了10次生死劫。"身为打工人,你可能体会不到作为一个创业者未来可能要承担什么、遭遇什么。

创业真不是打工人享受自由的"度假村",当然更不是逃避职场焦虑的"避风港"。如果你想现在就辞职创业,那么请先问问自己,有没有做好十足的心理准备?

创业真的是在豪赌吗？

很多在职的朋友，经常会问我这样的问题：

我已经做好创业的心理准备，但还是拿不准具体的方向，怎么办？

我工作5年，做老本行看不到什么前景了，索性离职，直接换一个行业创业，可以吗？

我很确定自己一定是要出来创业的，但眼前的机会有很多，怎么选？

后来我发现，大家的问题都有一些共性：表面上是不知道怎么选方向，不知道该如何入局，不知道看准的方向做到中途不赚钱怎么办，本质上，反映的是一种共同的担忧：**投入和产出不成正比。**

担心付出太多：原来的工作做得还行，也做出过成绩，要是创业失败了，工作机会没了，过去的努力不就都白费了吗？这可都是沉没成本呀！

担心得到太少：面对未知的行业、陌生的角色，我真的能胜任吗？我选的赛道，赚钱到底容不容易？脱离了平台，我一个人能否担此大任？要是赚不到钱，我的生活该怎么办？

要知道，如果割舍不了过去的种种"好处"，不断放大创业失败的"坏处"，创业对你来说，一定是场"豪赌"，永远都是高付出低产出。

但是，创业真的是"豪赌"吗？

我见过很多辞职下海，最后一鸣惊人的创业者。创业在他们看来，不像是在赌博，更像是在射箭。对他们而言，过去自己在职场中走过的每一步，都是在给自己的开弓蓄势。一旦发现市场上有合适的机会，他们会毫不犹豫地瞄准靶心，射向目标。

先胜而后战

在我看来，这是因为他们做到了以下三点：

第一，把职场当作创业的练兵场。

我见过的创业成功者，他们从入职的第一天，就知道自己迟早要离职单干。

当明确了自己的目标，他们怎么可能会虚度时光？他们会把职场上遇到的每一个挑战，当作是未来自己创业的"模拟题"。把公司当练兵场，简直再划算不过了，项目做好了，学到的经验就是自己创业的盘缠；没做出结果，亏损还不用自己承担，天底下哪里找这样好的机会。

他们很明白，如果在自己的岗位上都没有做出成绩，凭什么自己当老板了就能大杀四方呢？如果你的主业能干得有声有色，创业就等于换了一个平台，因为能力完全可以"无缝衔接"，也就不存在赌博这一说。

第二，先胜而后战，开战即决战。

这群敢于离职的创业者，如果做不到百发百中，他们绝对不会轻举妄动。

很多想创业的朋友，一旦看到不错的风口，就会像狼看到猎物似的，立马提交离职报告。但成功的创业者会多问自己一个问题：风口虽好，但机会真的属于我吗？如果这个项目不是我做，而是其他人来做，还能成功吗？

这就叫"先胜而后战"。

我给你举个例子，为什么老罗做手机不行，但是华为能入场就秒杀全场呢？

老罗并不是一个"先胜而后战"的人，他做手机，是因为看到了手机的风口。相信以自己的能力把手机卖出去不是什么难事。相比之下，华为在做手机之前干了一件事：组建了一个一万人的手机团队。

从他们组建团队的那一刻，结局就已经很明确了：未来国内手机这个市场，华为一定是第一。这就是"先战而后胜"的威力。

第三，先有生存的技能，再找发展的机会。

很多人害怕，要是辞职创业做到一半，发现效果没有预期好该怎么办呢？

其实这种恐惧，任何一个创业者都会有。但有一个办法，我想分享给你。在辞职之前，你必须确保自己有一个活下去的"生存技能"，它能保障你的公司在亏损的情形之下，仍然有钱进账，能维持公司的正常运转。这样，你离职创业的失败概率就会大大降低。

这个经验，是我从我的朋友——小鹅通创始人"老鲍"那里学来的。

老鲍离职创业之前，是腾讯的一名T4级别的工程师。2015年，他赶上了"互联网+"的尾巴，在鹅厂蛰伏了8年的老鲍，决定要赌一把。拿着腾讯给的3000万元投资,他做了自己的第一款App,为的是帮助蓝领应聘工作。

不过这个项目一开始就不顺利,投资人给的钱很快就烧光了,谈了上百个投资人,后续融资毫无进展。

老鲍并不是一遇挫折就放弃的人,不过这次,他暂时搁置了招聘软件的开发,而是选择了"先生存,再谋发展",改做自己最擅长的技术外包。他知道这不是自己创业的"初心",但至少能让公司先活下来。

就这样,他做了两年技术外包,公司也维持了两年。一次偶然的机会,他结识了在公众号领域已经小有名气的财经媒体人吴晓波。得知老鲍是腾讯出来的工程师之后,吴晓波就表达了自己想做知识付费工具的想法。两人一拍即合,很快就签下了单子,正是这笔合同,让老鲍吃尽了第一波知识付费的红利。

2016年,腾讯的公众号势头正盛,很多知识类账号有粉丝,但市场上没有合适的知识付费工具。这波红利,就像是专门为他定制的。腾讯系出身的他,借助吴晓波积累下的技术和口碑,很快就成为全行业第一的知识付费SaaS服务商。

老鲍的这段创业故事,我经常会讲给想辞职创业的朋友听。其实很多人都和老鲍一样,一开始觉得有风口,就带着自己的想法准备大展宏图。但决定你成功与否的是,一旦发现现实和你想的不一样,你是否有一项关键的"生存技能",让公司先活下来。

为什么不要"无脑加盟"

这几年创业,很多朋友特别喜欢搞跨界,简单来说,就是不干自己的老本行,去涉足一个新行当。

前面我曾经一再和大家强调,千万不要贸然进入一个陌生的行当。

但是,自己要从0到1创立新品牌,并且打造一套能打的产品和服务模式,不是一朝一夕就能完成的。这时候聪明的同学就想到了加盟其他品牌。

不过,在我接触到的首次创业失败的故事集锦当中,十个有九个都是和加盟有关。这里我们不是要把加盟一棍子打死、建议大家不要加盟,不过,加盟确实是一个创业的高发"雷区"。究其原因,各不相同。

有的是本身选了一个"垃圾行业"或者鸡肋赛道,不管品牌再怎么牛,毕竟平均利润就放在那里,不管你怎么挣扎,也只能是在原地划水。

而我关注到,很大一部分人之所以会加盟踩雷,是因为他们缺乏基本的分辨加盟品牌靠谱与否的能力。所以下面我会给大家总结常见的加盟防坑避祸的硬核知识点,如果你要加盟,一定要记得每一条都要对照检查,能帮你少交不少"学费"。

加盟"防坑避祸"的硬核知识

第一,要看项目的基础资质。大部分小白其实不知道,品牌加盟是需要资质的,不是你在网上看到这家公司有网站,加盟就是完全合法的。品牌是否具备开放加盟的资格,主要看它是否已经在商务部进行了特许经营备案。只有那些开了两家直营店且经营满一年的项目,才具备申请备案的资格,这个也就是我们俗称的"两店一年"。因此,如果你发现你想加盟的项目,在商务部的网站上根本查不到任何的备案信息,请务必谨慎。

第二,要看公司的注册年限。一定要规避那些注册时间不超过三年的项目。你想,毕竟中小企业平均寿命也就三年,连它自己都没活过三年的话,那你再去加盟,很可能跟着它一起凉凉。

第三,避开那些玩"谐音梗"或者跟知名品牌只有"一字之差"的项目。"雷碧"永远不是"雪碧","鹿角戏"也不可能是"鹿角巷"。我们加盟,本质就是图别人做品牌打下的江山,没必要浪费钱在"山寨项目"身上。

第四,千万不要被"高大上"的假象所迷惑。如果你上门考察项目,不要盯着人家是不是在高大上的5A级写字楼。其实,在加盟连锁这个行业,越牛的品牌,办公环境越"坑爹"。他们在黄金地段找高档写字楼做办公地，往往就是为了吸引人来加盟专门找的。

告诉你一个"损招"，与其羡慕人家的办公场地，不如去楼下的物业问问这个项目，它什么时候搬来的，又打算什么时候退租。

第五，留意招商部门的人数和规模。 如果发现品牌总部的招商人员，明显多过其他部门的人，甚至这个项目只有招商部和财务部，那啥也别说，这公司多半是有问题的。

第六，千万记住，关店率低都是骗人的。 如果招商人员跟你说，他们现在已经开了多少家店，且关店率特别低的话，你别忘了弱弱地问一句，这些加盟店都开了多久啊？一般情况下，加盟店都会和总部有大概半年的"蜜月期"，在这个期限内，新开的店往往不会倒闭，关店率自然不会高，但不是不倒，时候未到。

第七，合同名称是"照妖镜"。 如果它不叫特许加盟协议，而是什么合作代理，甚至是城市合伙人协议，一定不能签。普及一个知识，只有署名为特许经营的合同，才会受到相关政策保护，合作协议可是不受特许经营保护的。

除此之外，还要看合同的服务期限。因为商务部规定，凡是特许加盟性质的合同服务期限，最少签三年。如果你的合同过了这个时限，那么这个就是有问题的合同。

第八，留意合同中是否有冷静期。 条款中如果没有冷静期，那么这个合同它也是不合规的。如果你发现你的合同虽然有冷静期，但是期限却只有短短的一天，你也不要签。因为等你一时冲动，交了定金，坐上回家的火车，可能还没到站，冷静期就已经过了。一般良心的品牌，会把冷静期的期限设置为三到七天，这样即便你交了定金，也可以在冷静期限内选择无理由退款。

第九，仔细看加盟政策。如果你发现一个品牌的加盟费要远高于保证金，那么这个品牌，很可能是想从你身上捞一票加盟费。毕竟一个想做大做强的品牌，不会只想赚加盟费，而更希望在全国各地找到真正的合作伙伴，所以有的品牌，保证金的费用甚至比加盟费的费用还要高，因为只有这样才能约束加盟商。

第十，看开店速度和人员增速。如果一个品牌一年内的开店速度过快，但是总部工作人员的数量并没有跟着水涨船高，那你啊，千万别干。一年开200家店以上且能正常经营的品牌背后，都一定需要一支庞大的运营督导团队，要不根本无法服务好每个加盟商。

第十一，本土品牌不要贸然跨省开店。如果你打算加盟的是一个本地的知名品牌，那么你最好不要跨省开店，做第一个吃螃蟹的人。因为一个品牌，尤其是像烘焙店或者便利店这样需要强大供应链保证的项目，贸然跨省开店等于自寻死路。

第十二，大部分线下项目的失败都跟选址有关。咱不要迷信总部能帮你选址，所谓的选址建议，无非是在你选的几个垃圾位置中选一个还凑合的。所以咱要想开店成功，最好是根据位置找项目，而不是根据项目找位置。

第十三，重要的事情说三遍，千万不要迷信代言人，千万不要迷信代言人，千万不要迷信代言人。

不过，我还是要为品牌方说几句公道话，任何一个品牌都会有人失败，有人成功，即便你加盟了某个品牌，总部也不可能无微不至，帮你处理所有问题。

你虽然是个加盟商，但也是个创业者。品牌方他不是你爸爸，你也别老想着当甩手掌柜的，心态调整不好，再好的项目你也干不成。

为什么副业赚不了大钱

搞副业，真的会让你一事无成！

我的后台留言里，大家特别想知道，今年什么副业最热门？干什么副业来钱快？短视频可以当副业来干吗？

没错，看着身边的人，一茬接一茬，都在谋划自己的副业计划，你很难不在某一刻突然觉得自己也该去干点儿啥。其实，我们都被卷进了一场人为制造的"副业焦虑"当中。

然而，世界上有没有这样能赚钱的副业咱们不知道，但你要知道，那些靠着"副业"的噱头招摇撞骗的镰刀，是真的赚到钱了！

副业到底能不能赚钱？

对于副业，大部分人的想法是这样的：

现在经济环境不好，我们难免会担忧：公司裁员怎么办？收入中断怎么办？车贷房贷还不上怎么办？

有风险，我们就得主动面对。

所以你会看到，以前很多年轻白领基本都是月光族，现在却过上了不买名牌、不上高档餐厅的"低欲望生活"；过去很多人，手里没有积蓄，挣多少花多少，也开始琢磨着开源节流，想尽一切办法让手里多点现金，从而抵御风险。

于是"干副业"成了大家的一种共识：利用自己的空闲时间，要么找一份兼职，要么和朋友搞点小项目，要么上街摆个地摊。毕竟蚊子腿也是肉，不求靠它们飞黄腾达，至少也是"手里有粮，心中不慌"吧。

我承认，后疫情时代，我们未来的不确定性更多了，人人都需要提高自己抵御风险的能力。"开源"是正确的，也是必要的。

但是，干"第二职业"，开辟自己的"第二战场"，并不能让你真正"开源"。要知道，副业可能不仅不能帮你解决燃眉之急，还会变成收割你的镰刀。

第二战场，其实是个坟场

为什么我认为做副业、开辟"第二战场"，从一开始就是错误的？

你在说你想要做副业的时候，其实暴露了一个你并不想承认的事实：**你的主业现在干得是一塌糊涂！而且在可预见的未来，情况也不会有任何好转！你之所以要做副业，是因为你的主业让你看不到任何希望。**

如果你做副业赚到的外快，超过了你主业的薪水，为什么你不把副业当成主业呢？如果你的主业工资只有5000块，但副业能挣1万，是个傻子都知道，舍弃主业干副业要更划算吧！

如果你的主业有一套明确的晋升机制，你只要顺着杆子往上爬，每个月能挣到和副业一样的收入，你还会选择做一份副业吗？

所以，你在想做任何副业之前，要先想明白一个问题：为什么现在的这份主业赚不到钱？

首先，大部分职业都服从"二八法则"，只有头部精英才能赚大钱。

你必须承认，大部分的行业，只有成为行业的顶尖，才有赚到大钱的机会。而行业里80%的平庸者，赚的只能是社会的平均工资。

可是，要成为任何一个行业的头部精英，哪有那么容易？我们都知道"一万小时定律"，想成为"行业专家"，不花时间死磕自己的专业能力，怎么可能成为二八法则里最吃香的那部分人呢？你必须持续精进，耐得住寂寞，在业务上不断突破，熬过漫长的等待期。

所以，做副业是有代价的。如果你忍受不了前期没钱赚的日子，在本该是钻研主业的时候，放弃了精进自己的"窗口期"，脑子里琢磨的全是怎么搞副业，把时间浪费在另一个完全陌生的领域，你怎么可能进阶到主业那20%的核心圈层？

其次，有可能你的主业就是个错误！

有的行业，即便不是头部，也能赚得盆满钵满！比如，金融从业者、程序员、律师等。一是他们光主业挣的钱已经足够多了；二是他们连主业都根本忙不过来，哪里还有心思去搞副业。

而有的行业，身处衰退阶段，即便是做到头部，也很难赚钱；有的行业，晋升速度太慢，涨薪遥遥无期，再怎么熬也很难熬出头。如果你恰好身处这样的行业，与其成天想着干什么副业，还不如当机立断，从错误的行当里趁早抽身！

所以，副业焦虑的本质，其实是你对自己当下主业的焦虑。与其用副业来开源，还不如沉下心来把自己的主业搞好。

乌龟是跑不过兔子的！

关于副业，还有另一个我们更不愿意承认的事实：副业，并没有我们想象的那么容易赚到钱。大部分人在涉足副业之前，往往都会低估副业赚钱的难度。

为什么这么说呢？

第一，你所谓的副业，也是别人的主业。

千万别忘了，你口中的副业，哪怕再简单，也会有无数个专门干这行的人在一旁和你竞争。别人每天专职做都不一定赚到钱，你只是当副业，又有什么底气说自己能赚到钱呢？

比如说，很多抖音的博主都会说："短视频是最好的副业。"可事实真是这样吗？就拿蛋解创业这个账号来说，我们运营团队7个人，有选题、文案、拍摄、运营四个专职岗。每个人平均每天工作10个小时，这样算下来，我们一天加起来会干70个小时。你做副业，每天能花两三个小时就不错了。

况且即便我们把短视频当主业，也才勉强做到收支平衡，你蜻蜓点水花点功夫，时不时还偷个懒，怎么就能保证自己会赚到钱呢？

第二，副业会让你"丢了西瓜，捡了芝麻"。

很多人所看到的副业每月多挣的仨瓜俩枣，其实是"显性收入"，但大部分人都看不到副业的"隐性代价"。

我举个例子，我们公司有两个后期剪辑，其中一个人，每天都在研究怎么能把自己的剪辑工作做得更好，工作之余，他也不忘学些和主业有关的技能。不出所料，他成了我们公司最好的剪辑师。一有做新账号的机会，我们都会第一时间想到他。

另外一个剪辑师，他每天都在琢磨自己现在每个月的工资有点紧张。所以，他自己偷偷摸摸做了个账号，甚至还帮别人做了一些私活儿。

结局你应该能猜到。专注主业的这个剪辑师，没到三个月，工资已经翻了整整一倍，我每个月还会给他几千块钱的奖金。而做副业的这个剪辑师，每天接私活儿，几乎没有时间思考如何提升自己的业务，因为考核不达标，我们选择辞退了他。

3.

创业前的必要准备

创业者要快速了解一个行业，一方面要记住，我们的目的是要关注新行业的商业逻辑；另一方面，我们也可以把自己在其他行业里做生意的思维迁移到对新行业的认知上。

努力的前提是方向对

对于创业者来说,启动资金重要吗?当然重要!

但是,有钱就能无所不能吗?我们都知道,腾讯基本上算互联网最有钱的公司了,可是,"电商"和"短视频"一直是腾讯的百慕大。我们的企鹅大叔,一直在烧钱,再怎样努力也吃不了这两块肥肉。

人才和组织重要吗?对初创团队来说,人甚至比钱还要关键。比如说,快手初创的早期,创始人程一笑为了挖到当时算法推荐领域的高手宿华,发出了一个移动互联网史上最大的offer。

程一笑做了一个惊人的决定,他拿出自己手里80%的股份,不是用它换投资人的钱,解公司燃眉之急,而是全部给了宿华和他的团队。

不过,快手的这个故事,表面上虽然是在强调找人的重要性,但你仔细一想,其实快手真正厉害的原因,不是他能挖到宿华,而是他挖到了"善于推荐算法"的宿华。

快手成功的前提，本质上是预先识别了做"短视频"基础设施的方向性机会。如果方向没找对，可能今天你连快手是什么都不知道。

反过来看腾讯，它推不动电商和视频，其实并不是他们的业务能力太差，更不是手里没钱。从"基因决定论"的角度来看，他们做的社交游戏，也能通过复制其他App取得成功，但对于电商这类需要供应链能力的方向，他们并不擅长。

我之所以会提到这两个创业公司，是想告诉大家创业成功的一个"要害"，你个人有没有方法论和执行力很重要，公司有没有人才和资金的准备也很重要。但这些要素发挥作用，有一个重要的前提，就是创业的方向一定要找对，所有的"外力"必须找到一个"受力点"。

找对受力点，知易行难

我们一定都知道这句鸡汤：努力比方向更重要。但是我观察过一个有意思的现象，很多创始人，他们很认可要找对方向，但为什么不管是公司战略，还是落地业务，**"方向性错误"**都是创业早期阶段的常态呢？

这个问题，在一些想入局互联网创业的年轻人身上特别明显。这里我给大家讲一个抖音创业的故事。

2018—2019年，抖音曾经流行过一段时间的"情景剧"视频。在抖音的"上古时代"，唱歌跳舞、段子模仿的内容，让很多普通人被大众所认识，不过这种形式内容相对单一，已经满足不了平台和用户的需求了。这个阶段平台急需新的内容形态。

情景剧账号的出现，让很多平台的用户眼前一亮。很多网红放弃了在抖音上唱歌跳舞，开始尝试在3分钟以内拍出一个小故事，这类剧情视频时长短、节奏快、反转冲突强烈，有的账号通过一条视频就能轻松涨粉几百万，甚至登上热搜榜。三四年前玩抖音时，我们会密集刷到这类短剧视频，可如今除了头部账号，这类风格的博主几乎全都销声匿迹了。

其实剧情号从爆火到后期的凋亡，很像当时美国的"淘金热"。短视频平台发展的早期，平台为了留住用户、增加用户使用时间，对这一类老少咸宜、用户覆盖面广的题材有很大的扶持力度。这类题材，内容团队只要敢拍、会拍，很容易就能单条视频涨粉十万甚至上百万。

很多年轻人，看到剧情号的红利，都按捺不住胸中的躁动，纷纷下场做号拍剧。比如，很多之前没有机会拍大电影的十八线小导演，改行拍起了情景剧；很多找不到工作的非名校学生，眼看一个网红拍剧都能接广告到手软，谁还会安心正经找工作。

为了把账号搞火，剧情号赛道的创业者们，可谓使尽了浑身解数。有的老板不惜砸重金，花几万块钱给每条视频上效果，靠砸钱抢占流量坑位；有的孵化公司，让运营同志搞赛马，让摄像剪辑一天出一部"短剧"。

不过大家的努力，并没有换来精彩的结局。

你会发现，我们在抖音上很久都没有密集刷到过小短剧了。甚至在2020年疫情之后，一大批之前粉丝破千万的剧情类账号弃号断更。

为什么明明是抖音里加班最辛苦、熬夜最爆肝的那类账号，剧情号却并没有收获与付出相对应的成功呢？

站在今天，我们去回顾，剧情号不赚钱的原因其实并不复杂，就是这个账号类型的变现效果太差。

从成本来看，这类型的账号，对剧本、演员、拍摄剪辑的要求极高，同时生产周期的要求也很短，所以平均生产一分钟视频需要耗费的资金成本，在所有类型的短视频里是奇高的。

从变现来看，剧情号是典型的"叫好不叫座"。虽然剧情号的粉丝量往往大到惊人，但大多数都是一些低净值路人粉，方向不垂直，粉丝黏性也不强。这类型的账号，广告主并不是十分喜欢。

从平台来看，大量内容创作者涌入这个赛道，一方面大家对这个形式的内容逐渐感到审美疲劳，播放量和涨粉量都会下滑；另一方面，大家对剧情的口味会越来越刁钻，竞争也会越来越激烈，而品牌方的广告预算又是有限的，到后期，内容的制作成本会越卷越贵，广告变现的佣金会越摊越薄。

很多内容创业者，带着暴富的幻想快速入场，但最终的结局却是亏本离场。如果能看到这个变现模型的缺陷，你认为大家还会选择做剧情号吗？

折腾不等于撞南墙

为什么很多商业模式，事后来看是根本经不起推敲的亏钱模式，但当时却有无数人趋之若鹜，冒死送人头呢？为什么我们明明认可方向比努力更重要,但一开始还是会犯"方向性错误"呢?

这是因为,**很多第一次创业的人,通常缺两样东西:第一是"商业算力"不太够;第二是对诱惑的抵抗能力不太强。**

比如,如果我们画一张清晰的"成本—收益"结构表,就能清晰地发现,剧情号模型的盈利风险在什么地方。这就叫商业算力。

都说努力比方向更重要,可是,在风口正盛、神话故事满天飞的时候,你问"淘金人",谁都会认为自己的方向是绝对正确的,这个诱惑,谁又能抵挡?

怎么找到创业的第一桶金

第一次创业，千万不要"身无分文，赤膊上阵"！

过去有段时间，我谈到过创业"第一桶金"的问题，很多人都会在后台质疑我，他们往往会说：

蛋蛋，现在已经什么年代了，搞个项目哪里还需要本金呢？你是不是out了？现在零成本、低门槛创业遍地都是。大不了自己出技术，拿干股，也能和人合伙做事。

蛋总，即便创业真的要钱，融资的渠道也多的是，大计划可以找天使投资人融资，小的项目刷信用卡借消费贷，启动资金很快就有了，哪里还需要苦哈哈地自己赚钱攒本金。在这个时代创业，追求的是速度，等你自己慢慢攒钱，那黄花菜早就凉了！

那么，现在创业真的不用启动资金了吗？创业真的可以靠借钱加杠杆，空手套白狼吗？

我先说我的观点：**创业要想成功，自己必须拿钱。第一桶金不必很多，但这笔钱一定是靠自己的真本事挣到的。**

为什么创业要自掏腰包

首先我说第一个问题：为什么创业必须用自己的"真金白银"？

在项目筹备的阶段，创业者会疯狂地到处找投资人。要是运气好，遇到人傻钱多的"煤老板"，自己不用掏一分钱，你说谁能拒绝此等天上掉馅饼的美差事？

有的人没资源、没渠道，无法搞定投资人，又想把自己的项目快速铺开，于是动上了合伙加盟搞众筹的歪心思：自己搞不来大钱，那就让韭菜们出点份子钱，等项目成功敲钟上市，那入股的各位都能吃香喝辣。

不过我们仔细一想，**大家挖空心思想从别人手里拿钱，本质原因并不是自己真的缺钱，而是害怕独自承担项目风险。**

从逻辑上讲，如果一个生意稳赚不赔，像在银行存钱一样承诺保本返利，你怎么舍得把这样的生意分享给第二个人，肯定自己有多少钱投多少钱。

而如果创始人是那个把项目落地的角色，如果他明知道不用承担风险，可以不用付出任何代价轻松跑路，我们有什么理由相信这样的创业者能尽心尽责为股东和投资人们赚钱呢？

创业有个规律：创始人给自己留后路，结局多半是要跑路。

在找合伙人的时候，很多老板都会要求合伙人带资入伙，拿一点自己的钱，大家必须彼此捆绑利益。原因很简单，合伙人如果只拿工资，项目不成退出就好，那他完全有理由不尽心尽力！而让合伙人投钱，就是要切断他的"后路"，让彼此之间能够足够信赖。

所以说，创始人自己必须投钱，不仅是要"自断后路"，给自己一个鞭策，也是要让你的股东、供应商、合作伙伴都看到，你这个创业不仅不是"玩票"，还是会"玩命"的。

"钱不在多，有底气就行"

接下来，我们再来讨论，为什么必须有第一桶金？

在我看来，第一桶金的激励意义，要远大于它作为启动资金的实际意义。简单来说，第一桶金就是你创业成功的"底气"。

我们中国人爱说一句话："失败是成功之母。"但对于创业者来说，这句话并不正确。只有取得过成功的人，未来才能持续走向成功。

如果你能靠自己的努力，赚到自己的第一桶金，表面上看，是你有资本去继续扩大再生产，更深一层来说，它说明你有赚钱的手感，你知道如何构建一整套赚大钱的闭环。所以说，第一桶金是对你过去成功的嘉奖，是你开启创业之路的"录取通知书"，它会源源不断地给你未来起盘的勇气和能量。

经常有人问我：第一桶金到底要多少才够开始自己创业？从这个角度上来说，你只要自己通过努力，摸到了赚钱的感觉，收获了成功的自信，哪怕钱不多，你也算挣到了属于自己的第一桶金。

送给你一句话：山不在高，有仙则名；第一桶金也不在多，能给你成功的底气就行！

第一桶金是正财,不是偏财。

其实我们都明白一个道理,"钱生钱"非常容易,但怎么赚到第一桶金,完成自己的资本原始积累,就是"难于上青天"了。我们不是不想赚第一桶金,而是"从0到1"的难度,要远远大于"从1到100"的难度。

那么第一桶金,到底应该怎么赚呢?

有一些人认为,挣第一桶金不能靠攒,只能靠抢。这个时代,安心打工,节制消费,耐心储蓄,攒钱的速度就是龟速。所以第一桶金,必须一次性抓一条"大鱼",不管是买股票抢涨停板,还是在牛市的时候买比特币,或者当个中介撮合一笔交易,都是空手套白狼,这样才能快速赚到第一桶金。

其实,这种思维叫作"偏财",也就是靠运气和时机赚到的大钱。我们不得不承认,很多人的第一桶金,就是靠运气赚到的。比如,有的人在很多平台发展的早期,捕捉到了人家算法的技术漏洞,借信息差很快赚到了第一笔钱;再比如,有的人喜欢研究金融产品投资,想靠等待牛市、挖掘牛股一夜暴富。

靠"偏财"赚第一桶金,是一种不错的方式,但有很大的弊端。

首先,不管是所谓的"红利期"还是"信息差"漏洞,都是转瞬即逝的,不仅很难捕捉,也很难复制,普通人一旦节奏慢了半拍,基本上就等同于韭菜。

其次,这种"短平快"的赚钱方式虽然很刺激,但它也会无形中让创业者养成赌博的心态,等到真的有了创业的本金,他们不太容易沉下心去做一些长期稳定的好生意,而是会在很多短期项目里反复横跳。与其说他们是创业者，不如说他们就是一群赌客。

而赚第一桶金最正确的打开姿势，是把它当作"正财"看待。

什么是正财？就是靠自己的能力和本事赚到的钱。

正财赚钱，可以靠日积月累，集腋成裘。比如，你是一名剪辑，副业做其他的剪辑业务赚钱，如果嫌钱累积的速度太慢，你可以自己做教剪辑的账号，成为剪辑技术的培训师。但这都是通过自己的剪辑能力衍生出来的财富。

正财赚钱，也可以等待时机，抓一条大鱼。就用我自己举个例子，我的第一桶金，就是靠之前礼品销售赚到的。2005年，因为正巧赶上经济黄金期，我们礼品业务的业绩暴增，我也顺势扩大了业务规模，赚了一波时代的红利，一次性的那种。

和偏财相比，通过正财赚到的第一桶金，更适合于我们普通人。首先，靠自己的本领赚钱，我们会有很强的掌控感，和"等靠要"不同，正财能让我们利用好自己的时间，给我们一种"努力得到回报"的正向反馈。

其次，靠你的真本领赚的第一桶金，会成为你未来创业成功的"预动作"。你在这个过程中积累的人脉技能、磨炼的基本功力以及迸发出的商业灵感，都会为你未来创业的成功埋下伏笔。

创业成功要具备哪些素质

互联网时代对创业者素质和能力的要求，比我们父辈那个年代的要求更加苛刻。

70后那代人创业的时候，市场经济的风才刚刚刮起来。毫不夸张地说，30年前创业，捡钱和呼吸一样简单。打个比方，那个年代，你把椰子从海南倒腾到北京，不用几次你就能成为"万元户"。

那个时候，敢想敢拼是创业者最重要的素质。

不过放到现在，我们国家的工业体系已经非常健全了，产品很难再出现供不应求的情况。一些制度漏洞和套利空间早已消失了，光靠一股子闯劲不可能再轻松赚钱。

那么在我们这个信息爆炸的时代，创业者要具备什么能力才能够成功呢？

从原点思考

第一个重要的能力,是从业务原点思考的能力。

什么是"从原点思考"?用现在互联网圈最时髦的词来说,其实就是我们**不管是做产品、搞技术还是打市场,先要问自己背后的"第一性原理"是什么,"根"在哪里**。原点确定了,你就大概知道自己射击的靶心在什么地方,知道为了达到目标、顺利登顶,该找什么样的通关地图。

最早借用第一性原理的,是特斯拉的创始人埃隆·马斯克。他在构思如何做新能源汽车的阶段,并没有把目光放到研究竞争对手的打法上,而是像物理学家解决难题一样,先去思考最底层的"公式"到底是什么。

他思考了很久:新能源汽车十分清洁、高效,但为什么很难被大规模普及呢?这个问题的"根子"到底在什么地方?如果从根源出发,这个问题是否可以被解决?

马斯克认为,用户不用新能源汽车的原因有很多,有可能是质量不好、充电太麻烦、技术不成熟、体验感不好,但这些都是表象,真正的原因是电池的成本太过昂贵。

如果电池的价格降不下来,新能源汽车的市场渗透率就提不上去,它就永远无法实现量产,新能源汽车也就会一直贵下去。打破这个恶性循环的唯一出口,就是降低汽车的成本,其中占据大头的,就是电池。

所以你会发现,业务原点,其实就是开启成功创业的钥匙。你如果能找到原点,在此基础上条分缕析,抽丝剥茧,集中资源，逐个击破，你的业务就找到了战略和战术的支点。

为什么对于那些首次创业的朋友，我会建议大家刻意培养从原点思考的习惯？因为第一次上战场，大家总是把目光放在赚钱上。你宁可去抄袭大佬的案例，也不愿意静下心来像马斯克一样，从头到尾思考你业务的本来面目。

有句话叫作"菩萨畏因，众生畏果"：一定要记住，赚钱只是一个结果。

跨界学习力

第二个重要的能力，叫作跨界学习力。

毫无疑问，在如今这个高速迭代的时代，创始人要生存，就必须具备快速学习的能力。可是有创业者常常会问：现在老板要学习的东西实在是太多了，什么样的学习方式才是最有效的呢？我的答案是：跨界学习。

为什么要跨界学习？

第一，如今的创业者，所要面临的挑战已经不只局限在自己行业的竞争对手身上了，而是快速发展的新模式、新业态以及新对手。面对变化，我们不能故步自封，不能像出租车司机抵抗网约车那样，守着传统的模式不变革。

第二，**所谓跨界学习，是一个"六经注我"的过程。**

为什么占据先发优势的互联网餐饮相继倒闭，传统餐饮老板的日子却依旧过得很好？我有个不一样的观点：传统餐饮的老板，才是跨界学习的真正高手，相反，互联网餐饮的创业者，才是没有做到真正"跨界"吸收营养的那些人。

我说的"跨界学习",有个非常重要的前提,就是要立足于自己的业务,在学习新行业、新物种打法的同时,把它们迁移到自己当下的业务当中,去思考如何优化和改进自己的业务,这样的跨界学习才是最高效的。传统的餐饮品牌,自己在门店运营和食材的把控上已经是炉火纯青了,而他们的短板是如何利用线上平台高效获客,如何利用互联网做品牌营销。

然而我所看到的互联网餐饮品牌,他们虽然是线上运营的一把好手,却没有向传统餐饮品牌学习如何扎实做好美食的这套功夫。

总结和复盘

第三种能力,是总结和复盘的能力。

有一个段子:你意识到过去的自己是一个大傻子的速度,就是你认知迭代的速度。如果你每天晚上睡前躺在床上,发现昨天的自己是个傻子,那说明你今天没白过。

你可能会经常在创业者的履历里看到这样一个词:"连续创业者"。这个词乍一看非常高大上,但它并不是指那种创业成功或不甘寂寞持续创业的人。相反,很大比例的连续创业者,并没有获得真正的成功,只是今年做甲项目没成功,明年再换个新的乙项目。

总之,他们就是"屡战屡败,但败了之后还会选择再败"。

你可能会反驳我,互联网巨头TMD的创始人:张一鸣、王兴和程维，他们创业初期不都是连着几个项目都惨遭滑铁卢，坚持到最后才成功的。你现在嘲笑连续创业者，万一他们坚持到底，做出了一家成功的上市公司，你岂不是就被打脸了。

那么，那些"屡败屡战"的所谓的"连续创业者"，他们和TMD创始人相比到底有什么区别呢？为什么前者是"无效创业"呢？

其实**评价的标准，就看一个东西，那就是有没有在失败当中，通过充分的复盘，吸取到足够的经验和教训**。犯错误、遭遇失败不可怕，怕的是在同一个错误的地方反复摔跟头。

这就是复盘的重要性！

所谓的复盘，不是做完项目之后的例行总结，更不是嘴上知道自己错了，但下次项目依旧犯同样的原则性错误。复盘不只是要针对业务的得失，更重要的是回到原点，知道自己当时为什么那样做。

就拿我们做短视频来举例子，如果把每条视频都当成一次创业项目，那么你每天都经历着一次重新创业。我们每天都会这样问自己，上一条视频为什么不火？是选题的问题，达人表现的问题，还是剪辑的问题？我们要做的是，把所有导致失败的可能性推演一遍，总结成团队的工作流程后，再去思考：如果重新再拍摄一次，我会怎么改进？如果套用到下一条视频，我们应该如何提高？

当你每天拍视频都坚持用这样的方法，就很难不成功。而大部分人为什么永远都在原地打转，可能不是你不聪明，而是你少了复盘总结的这一步。

入局之前,该从哪里收集信息

如果现在你看中了某个创业的方向,想要马上入局,为了不让自己被上头的感觉冲昏头脑,我建议你先不断反问自己一个问题:我真的掌握了足够多的行业信息吗?

在第一章,我提出过这样一个观点:在这个年代赚钱,纯靠信息差是没用的,而是要靠你的认知差。

如果你对这个行业连基本的认知都不具备,请问你怎么能形成对这个行业的"认知优势"呢?

很多创业小白经常告诉我,他们突然想到了一个点子,可以颠覆某某某行业。这个时候我会反问一句:别人在一个行业里软磨硬泡了那么多年,都不一定赚到钱,你凭什么赚到钱?即便咱们不提赚钱,你先告诉我,你知道这个行业有哪十个坑吗?

创业的失败,其实并不是你的点子没有效,而是像"达克效应"说的,有很多信息,你不知道你不知道!缩小"信息盲区",就是你入局之前要做的第一件事。

成为"高级外行"并不难

那么如何快速了解一个行业呢？

这里我想介绍一类职业，叫战略咨询师。他们之前并没有相关行业的从业经验，但却能在最短的时间内快速掌握一个行业的关键信息，并且还能"外行指导内行"，为他们量身定制未来发展的企业战略。

我发现，他们在短时间内了解一个行业并快速构建出认知深度的方法，非常值得各位想要了解新赛道的朋友借鉴。

我们先来看咨询师在了解新行业之前，到底做了什么？

第一，了解一个行业，时间不要用在"know how"身上，"know what"就够了。

比如说，你想要了解00后痴迷的二次元，并且听说这个行业毛利很高，那怎么快速了解这个行业呢？

研究二次元，并不需要看完所有的漫画、自己亲测手游。你只需要知道一个虚拟IP，是如何一步步制作出来、推向市场并且赚到钱的。你只要能和年轻人聊天的时候，知道时下最火的动漫是哪几部，能够和大家"说上话"就够了。

想短期内搞懂"口腔健康"赛道，你并不需要知道常见的口腔疾病有哪些，你也不需要搞懂怎么给患者拔牙，你只需要知道一家口腔医院是怎么赚钱的就可以了。

第二，融入行业的话语体系，并且拼凑出概念之间的关系。

很多咨询师在看一个陌生行业以前，会先收集整理出100个出现频率最高的专业术语，逐一理解术语的含义，拼凑出一幅行业的认知地图，从而快速进入行业的话语讨论。

而他们如何能"外行指导内行"？这里的"指导"，并不是让他们教外科医生拿手术刀，教物理学家造原子弹。任何一个行业都有自己吃饭的技术，这些技术都是别人通过"一万小时定律"努力训练出来的。

咨询师的专长是他们对商业、对企业战略的长期理解和全面的系统化思考能力，他们可以把从其他管理咨询案例里积累的经验，迁移到任何一个行业中来。

所以你看，我们创业者想快速了解一个行业，一方面要记住，我们的目的是要关注新行业的商业逻辑；另一方面也要注意，我们也可以把自己在其他行业里做生意的思维，迁移到对新行业的认知上。这样你才能做到"快"。

如何高效检索信息

我们蛋解创业从创立播客，到如今成为商业案例拆解的头部短视频账号，一共拆解过大概100多个行业，很多粉丝很好奇，我们如何在那么短的时间掌握那么多行业的第一手信息？如何快速分析其中的商业价值？

下面我们就来分享一系列我经常会使用的快速研究、学习新行业的方法。

第一步，先看优质的行业研报。

想在最短时间内系统掌握一个行业的信息，拆解研报是最有效的一个方式。

一般来说，行业研究报告发布的观点和数据都是官方经过详细的调查和计算得出来的，所以其中的信息可信度是比较高的；同时，研报会介绍很多这个行业的基础概念，可以对照它来找自己的信息盲区。

在做创业播客时，我们做过一个叫作"趋势报告"的社群，其中一个任务就是带领创业者们每周精读一份有价值的行业研究报告。

我们关注任何一个新行业的研报，有下面几个信息是比较关键的：首先是看"蛋糕大不大"，即行业规模有多大，用户群体有多少，未来是不是个增量市场；其次是"油水肥不肥"，好不好赚钱，市场上有哪些玩家，自己能否从中分一杯羹。

比如，想要知道行业规模和销售的数据，可以多看权威机构发布的行业白皮书；做抖音之前，可以多看看巨量研究院，对一些热门赛道的内容生态，他们都做了比较详尽的数据分析。

第二步，研究行业历史。

有句话叫作："以史为镜，可以知兴替。"读过历史，你会发现不管是创始人的个人命运，还是一个行业的成住坏空，都能在历史当中找到影子。

我是一个非常喜欢读历史的创业者，看时下很多热门风口，我不会轻信别人口中的溢美之词。相反，我会先去研究这个行业的发展历史。

我们发现，很多热点并不是一出现就会被市场捧到神坛，很多行业在发展的早期，一直有创业者在铺路，之所以到了某个时期行业的红利集中释放，一定是新的需求出现，或者过去限制行业发展的因素突然消失了。

而想要知道为什么别人没做起来,但突然现在火了,读历史就是一个非常好的手段。

第三,找大哥"拜码头"。

这里说的找大哥拜码头,指的是你要学会主动拜访相关行业的专业人士。

我经常和别人开玩笑说:"请行业大佬吃顿饭,聊上三个小时,比你在他那儿干三个月都要管用。"我们看完研报、读完历史,对行业大体上就会有一个初步的印象。

找大哥聊天,一方面,是为了验证我们对行业的看法到底对不对,也可以让他解答你想不明白的问题;更重要的是,要从大哥嘴里,打听出一些外人很难察觉的"内幕消息"。

有的信息,在公开的渠道不会写;有的真相,只有亲历者才知道。比如,很多人都看好元宇宙,你只有真正和相关领域专家聊过天才会发现,像脑机接口、全息影像这样的关键技术目前还处在早期,你对行业的发展阶段自然也会有一个相对客观理性的判断。

为什么不踩坑你就赢了大多数人

创业只要不踩坑，你就赢了大多数人，切记永远要让自己留在牌桌上。

我在抖音上最受欢迎的一个专栏是"创业避坑"。很多人觉得，我做避坑，是因为这样的话题会颠覆大家的认知，流量会更好。但这并不是我的初衷。

因为我目睹过太多踩坑的案例。即便我苦口婆心做风险提示，这项目太危险咱不受那个罪，可他们还是要打开那个"潘多拉魔盒"。他们有的本金亏光、债务缠身、妻离子散，有的直到现在都没能上岸。

创业者坚持自己的方向，"不撞南墙不回头"，这就是成功该有的劲儿，但问题就出在，大家完全小看了"避坑"的难度。

创业避坑，不是看两条项目测评的视频那么简单，更不是找几个内行人咨询，坑就不会找上你。防坑，防的不只是机关算尽的骗子，还有内心"贪得无厌"的小鬼。

为什么人会踩坑

首先,我们先定义一下,创业的"坑"到底是什么?

说到坑,大家常用的句式是:某某行业,坑太多了,千万别去干!

我就拿餐饮行业为例。

大家说的第一种坑,是项目本身就是个大骗局,营业主体都涉及违法犯罪了。比如一些餐饮加盟商盗用别人的品牌,你去网页上一搜,置顶几条招商信息全部被他们买断,事后一调查,你会发现有的平台压根儿就没有加盟商的登记备案。你以为找个加盟商帮你省事,能乘着别人东风快速捞金,结果钱打到别人的账户,公司马上跑路!

这种坑,叫作"技术坑",骗术最低级,也最好规避。如果你提早做好功课,上百度知乎搜一搜加盟商的资质条件,根本不会被骗。

但最难躲的其实是"概率坑"。

有的餐饮加盟,流程合法合规,牌子也够有含金量,你去实地调查,人家就是在全国开了不少分店,客流也不像造假。但加盟后,你发现自己还是亏到满地找牙。为什么?

因为有的人,根本不会运营门店,你的同行深耕十年,你上手才刚满三个月,你拿什么和别人拼?项目质地再好也白搭。有的人有经验,也努力,但拼到最后,还是落得个"分母"的下场。凭什么?

因为餐饮,本身就是个"概率游戏"。

早在疫情前的2019年，餐饮行业的平均倒闭率就超过了70%。你有什么理由觉得自己就是活下来的那不到30%？

即便像肯德基这样的企业，也不能做到100%不关门。而且赔率越低，门票也就越贵，它的加盟费平均也要七八百万元。所以那些盘缠不够的只能降低水准，找个加盟费便宜的屈就。

他们难道不知道"便宜没好货"吗？他们知道！但内心总有一个声音在呼喊，万一我靠自己的努力活下来了呢？

即便你没倒闭，但是餐饮普遍就是一个毛利低、竞争大的行业，不仅自己累，还要忍受房东和平台水涨船高的成本。如此一看，想要在"餐饮"赚到大钱，概率几乎已经低到不可用语言描述的地步。

所以，只要是离开餐饮的人都会告诉你，餐饮是个坑，说的是在概率面前无人能幸免。而这种坑为什么最难避？因为你总会以为自己是赌桌上最聪明的那个人。

创业不亏钱，你就已经赢了

在股票市场上，有句非常经典的定理，叫七亏二平一赚。能靠股票赚钱的，其实只有那么一小撮人。只要你不亏，其实就能远远超过70%的人了。

所以巴菲特一直告诫投资者：投资的第一大准则是不要亏钱，而第二大准则是不要忘记第一条。

创业何尝不是这样。你只要让自己永远留在牌桌上，不被扫地出局，你就已经是赢家了。你可能会问，这不是废话吗？我们创业，谁不想要赚钱，谁会主动亏钱？为什么不亏钱就能赢过大多数人了呢？

因为大部分充分竞争的市场，根本不会让你活着离开。

这是一条最基本也是最无情的经济学铁律。门槛越低的市场，永远都是"饱和态"。你赚钱了，嗜血的对手会马上敲门分你的蛋糕；你倒闭了，门外还有一群人等着占你腾出来的坑。完全竞争的行业，每个人都在盈亏平衡线上走钢丝，你只要不掉下去，就已经赢得了大多数人。

但这就是一个死循环。很多创业新兵，他们做不了生物制药，搞不了芯片新能源，没有"垄断"行业的入场券，只能找个门槛低的入局。和高精尖行业相比，这么做"胜率"是提高了。可问题就出在，门槛越低，行业平均的"胜率"本身也就越低。

到最后你会发现，淘金子的人多半路费都没赚回来，只有"卖铲子"的人躲在角落里数金子。

餐饮的门槛足够低，但行业一直逃不过"开店循环"的围城模式。我们看一组数据的对比，2019年结束时，北京有21万家餐馆，增长率6%。而在2018年，北京新增8.5万家店，倒闭了11.4万家，相当于平均每月9500家餐厅倒闭，每新增1家店，就有1.3家店消失。甚至于在闲鱼上有个小的子类，叫作"二手厨具回收"，就是把倒闭餐饮企业废置的厨具，转手再卖给新开店的人。

有人说，这群"吃人血馒头"的是收尸人，但我觉得他们其实是"上帝"，他们用一种异常冷静的上帝视角，默默地注视着行业最基本的生存法则在创业者身上发挥作用。但即便行业残酷至此，还是有无数的人就想往火坑里跳。

如何才能实现精准避坑

说到这里,你大概知道如何避坑了。我们不仅要避开技术坑,更难的是要躲开"概率坑"。

第一,对概率要保持绝对敬畏。

创业是一场赌局,在发牌之前,你知道这场赌局里,自己的胜算是多少吗?

创业不能是一场赌局,永远不要把成功寄托在那百分之五的确定性上,你要做的事情,是对概率保持无限的敬畏。

创业里有一个经典的"墨菲定律",你担心的事情一定会发生。你在一个刀口沾血的行业里,也许杀死你的都不用是对手,而是行业本身的胜率。不要抱任何幻想,以为自己就是那个"少部分活下来的人"。

第二,面对"商机",要坚持"逆向思维"。

看到好的机会,你脑子一热,觉得终于抓住"商机"了。可难道发财的机会,别人没有注意到吗?这个时候,一定要问自己,什么是商机?为什么它是商机?

第三,给自己的能力"打五折"。

有的赛道,本身赔率就很高,这个规律谁都阻挡不了。为什么那么多人会栽在明星火锅店的坑里?因为火锅这个行业每年的存活率只有不到5%,你觉得明星到你店里给你撑个场子,这个概率就会因为他的出现变低吗?

第四,多问自己:"五年后,这个项目还能赚钱吗?"

4.

创业中，
你要选择什么样的
人成为战友

你能找到什么样的合伙人,本质上由两样东西决定,
第一是你自己,
第二是你自己为找人付出的努力。

为什么一定要选择合伙人

在这个全民创业的时代,拉人合伙并不是什么难事,但是能找到一个对的合伙人,还能彼此"长相厮守",真是比找媳妇还要难。

我发现,很多第一次创业的朋友,在合伙人的问题上多半都会踩坑。给大家举两个常见的例子。

首先,乱搭伙。我曾经遇到过最夸张的,就是在咖啡厅找合伙人。我的一个朋友,有一天在中关村的咖啡厅,偶然听见隔壁桌的哥们儿打电话聊大数据行业。

当时他正巧想做一个大数据的公司,就主动上前搭讪。没想到两人一拍即合,不管是对大数据未来十年趋势的判断,还是当前的行业机会,两个人都觉得很有共同话题。两人当即决定马上"领证",一起把大数据的项目推起来。

可是临到真的创业才发现,这个合伙人嘴上功夫虽厉害,然而落地能力方面,用我合伙人的话讲,就是"在他说的基础上,直接打个一折"。这个公司的最终命运可想而知。

其次，瞎相处。有的创业者第一次创业，和别人合伙开公司，根本摸不到与合伙人相处的门道。

一些创始人是"狼系"，过去习惯了单兵作战，一旦把业务交给别人，总是担心合伙人搞砸。他们喜欢大权独揽，外行指导内行，很容易搞得双方不欢而散。

有一些人首次创业，非常"佛系"。比如招一个技术合伙人开发 App，老板不会代码，不懂技术，干脆撒手不管，付了几个月的高薪，发现什么产品都没开发出来，最后还是要把人扫地出门。

在我看来，合伙人稳则公司稳，合伙人孬公司则一定鸡飞狗跳。拿捏不准与合伙人相处的度，公司迟早会走上不归路。

找合伙人究竟是为了什么

我其实经常在想，为什么很多创业新手在找合伙人的时候，都会碰个一鼻子灰？后来发现，大家其实只是"为了找人而找人"，压根儿就没思考过，找一个合伙人的本质是什么。

当下，创业不要单打独斗已成为"全民共识"，或者说"创业标配"。不少人看过《中国合伙人》这部电影，它第一次让大众知道了，只要找到对的人与你共创，成功并不难。很多商界的传奇故事，"合伙人"都是独特的选材视角，比如我们现在熟知的"阿里十八罗汉"、"万通六君子"、史玉柱的"四大猛将"等等。

创始人如果是个技术宅，不会打市场，那就找个营销鬼才入伙；老大不会管理，只会前端站台，没关系，那就找一个懂管理的职业经纪人，给点股份让他做管理合伙人。

我们找合伙人，看似是在补木桶里缺的那块短板。但为什么还会出现一开始我们提到的"一放就乱，一收就死"？为什么刚开始"一拍即合，乍见即欢"的合伙人，并不能陪你长相厮守？

这是因为，在很多创业者看来，找合伙人的目的，就是去补自己能力上和公司业务上的短板，以为只要参考木桶理论，把欠缺的部分补上就可以。但是，以我自己和合伙人亲身打交道的几段经历来看，找合伙人，"短板理论"并不适用，而应该从"长板理论"出发。创业人如果不了解自己的"长板"在哪里，他找任何合伙人合作都很难成功。

找合伙人之前，先找到自己的长板

为什么找合伙人不要急着去补短板，而是要先找到自己的"长板"？

说这个问题之前，我想先讲讲老罗和他的锤子手机。网上一直有个说法，就是说，凡是老罗涉足过的创业项目，不是自己的公司破产，就是所在的行业会被国家严厉整顿。

"冥灯"的玩笑，并不是说他干啥啥不行，而是好像总是少了那么点运气的加持。可是，为什么幸运女神不喜欢光顾老罗，真的是他不适合创业吗？其实，老罗过去曾经是新东方薪酬最高的讲师，他在锤子手机破产之后入局直播带货，首场销售额就做到5000万元,靠着"卖艺"就清偿了投资人的负债,还坐上了抖音直播带货第一的宝座。

不难发现,老罗的"长板",是他的情绪调动和口头表达。与这个能力相关的创业项目,他不费吹灰之力,就能打到头部。但是,他却一直不信邪,只想做电子产品,最终的结局就是锤子手机被字节跳动收购,自己则上演了一出"甄(真)嬛(还)传"。

为什么锤子手机会失败?我们不该看锤子到底做错了什么,但可以看看同期的小米做对了什么。雷军坦言,自己在创立小米的早期,并没有花时间盯产品、做战略,而是去找合伙人。首次做硬件创业的雷军,为了说服一个硬件工程师加入小米,整整打了90个电话;为了搭建早期的合伙人团队,雷军会跟任何一个候选人一聊就是十几个小时。

这并不是说因为老罗没有找合伙人,所以他的锤子手机体验不如小米。只是从一开始,他和小米的差距就在团队上拉开了。靠着网红光环和令人羡慕的理想主义,锤子老师的确为自己的锤子手机揽来了一批忠实的拥趸。但相比之下,跨界创业的雷军,可是找了整整12个合伙人,个个都是技术和营销的领军人物。这种差距一开始还不明显,但到了2017年,小米手机的出货量接近1亿台,而锤子手机只有350万台。

我们并不是说雷军在找合伙人的能力上有什么过人之处,老罗靠他的影响力,能找到的优秀合伙人,不会比雷军差多少。

真正决定他们之间的差距的,是在第一步,找自己的"长板"。罗永浩如果能够意识到他的长板是口头表达,而不是电子科技，他就不应该选择手机这个赛道。即便是同样跨界做手机，他所扮演的角色也不应该是乔布斯式的"产品经理"，而应该踏踏实实地把硬件这个复杂的系统工程，模块化拆解之后授权给自己的合伙人。

所以，在找合伙人之前，第一步应该是创始人能够诚实地面对自己的能力边界和性格弱点。**你只有看清楚自己在业务当中的定位，才能把自己的作用发挥到极致。**

为什么不要让自己失去主动权

创业的第一责任人，只能是创业者自己。

你是否觉得，只要哪个投资人"善心大发"，给你的公司投个一百万，你的项目就会坐上云霄飞车？只要花个大价钱，挖到苹果的产品技术团队，你也能做出一款超级无敌的"爆款"手机，还能超过OPPO和VIVO？

对一个创业者来说，有投资人输血，有精兵强将起盘，这固然很重要，但这些因素，充其量只是外因。你的公司能不能成，最后打出王炸的，只有创业者自己。

这一章，我想和大家讨论创业者该如何笼聚资源。但在展开这个话题之前，我必须提醒你一个事实，不要指望着外部资源决定你创业的胜局，创业的第一责任人永远只能是创始人自己，哪怕你的外部资源再强，把成功寄托在外部资源上，永远是一种不负责任的表现。

想创业,就不要逃避责任

很多创业者骨子里总想着逃避责任。

在这里我说两个比较典型的例子。我有一个朋友,打从自己高中开始,就一直想开一家美甲店。她过去曾是一家互联网招聘公司的高管,每年收入加上奖金也有七位数。

有一次,我们一起聊她美甲店未来的规划,她非常坦诚地说,虽然她也算互联网老兵了,但是心底里是个胸无大志的人。只要这家店不亏,能有份副业收入,就心满意足了,作为女生,还能免费给自己做个美甲,这笔生意多划算。

我当时没直接告诉她这么做有风险,但因为前期精力投入不足,初期宣传差了很大的火候,没过多久,店铺就撑不下去了。后来遇到几次疫情封控,连续亏损两个多月,她的第一次创业就正式宣告流产了。

第二个故事的主角是我一个在福建做食品加工的朋友。看着身边的本地同行一个个靠做直播吃到了红利,自己也按捺不住了,咨询我该如何入局抖音。当时我给他的建议是,不要盲目投钱买量,先自己做个小号拍点视频,直播找找感觉。等摸到短视频平台的规律,再追加投入也不迟。

但是,我这个朋友心里一直有一个坎,就是不愿意在镜头面前露脸。平时他空闲时间很多,也不愿每天直播把自己搞得很累。于是就开始各种找账号代运营,还跑去扶植自己的员工做账号。结果来回折腾了一圈,烧了五十多万,刚有点头绪,员工就离职跑了,除了剩下一摊子诉讼,公司什么也没留下。

这两个故事，都是想说明一件事。我们创业者为什么经常会竹篮打水一场空，服务商赚到了钱，平台和房东收了租，唯独自己公司什么都没留下，纯纯给别人做嫁衣？

这是因为，从一开始，我们就没有把业务的主动权攥在自己手里，没有肩负起"一把手"的职责，以为只要自己出钱、自己雇人，业务就能跑起来。到头来，才发现自己什么也没得到。

没人能为你的结果兜底

你可能要质疑我了。创业者什么都要管的话，要合伙人、合作伙伴还有什么用呢？要是创业者什么都不放心，啥事都要操心，那花钱雇人有何意义，不得把自己活活累死吗？凡事都要过问，员工的积极性发挥不出来怎么办呢？

的确，一个凡事都要亲力亲为的管理者不是一个好的管理者，但是你要明白一个事实：**对于那些基本盘还不稳、业务尚在摸索阶段的初创公司，盘子起不来，公司业务不赚钱，没人会为你买单，最后承担责任的还是创始人自己！**

你没有办法指望一个每月工资还没有过万的员工，会对业务的最终结果负责。公司赚不了钱，员工的工资还得照发，奖金还得照给，最后的底，只能靠创始人自己来兜。

从人的角度看，创业者永远是公司最后一个离场的人，合伙人会因为公司没有什么发展前途选择退出，关键业务的负责人做不出什么成绩也会离职，但创始人别无选择，你不扛起大旗，那公司没有第二个人能肩负这个责任。

从业务的角度，你千万别指望从外面雇一个操盘手，自己就可以对核心业务置之不理。关键业务跑不出来，老板一定是背锅侠。别人做不出结果，失败的所有责任都是老板自己承担。

从钱的角度，那更不用指望股东和投资人。别人给你投资，就是用资本置换管理，业务的好坏他们并不负责。如果你自己拿不到结果，资本会忍你一时，但绝对不会一辈子陪你演戏。

所以，就人事钱而论，你从一开始就要断了指望别人的念想，任何人都能放弃，但创始人自己不能放弃。

成为合伙人最重要的素质是什么

找合伙人并不难,合不合脚比开不开心重要。

很多创业的朋友特别喜欢找我给他们推荐合伙人以及操盘手,我都一概拒绝,不是因为我怕麻烦、不热心肠,而是我坚信一个道理:靠"相亲"、靠推荐找来的合伙人,很难长相厮守,能"相伴到老"的合伙人,必须一起打过仗。

合伙人必须一起共过事

严格地说,我们这个时代根本就不缺认识合伙人的渠道。你只要花个几千块钱加入个私董会,或是蹭个行业交流群,交流几句,大家一起攒局搞事,简直就和打麻将三缺一随便抓个替补一样简单。

现在还有专门撮合"合伙人"搞项目的"相亲网站",你只要发布自己的项目,每天私信里都会有各个行业的"专才"向你抛出橄榄枝。

再极端一点,你随便跑到一个中关村的咖啡厅,找人聊上两句,很可能过了今晚,明天大家就能直接租个办公室马上合伙开家公司。

在这个时代,合伙人的"配对效率"越来越高了,但是,你好像从来没有听说过哪家成功企业的创始人,是靠这种"露水姻缘"相互结识的。找合伙人的渠道不难,为什么大家还会抱怨找合适的合伙人很难呢?

你能找到什么样的合伙人,本质上由两样东西决定,第一是你自己,第二是你自己为找人付出的努力。

为什么找不到"人类高质量合伙人"?很可能是因为你自己的质量本就不高。

你创业能够找到什么样的合伙人,多半是你过去努力的"福报"。有一句话叫作"你的收入其实是你关系最近五个人的平均数",用在找合伙人身上一样适用。找不到好的合伙人,可能是你过去碌碌无为的"业报"。

你自己碌碌无为,一事无成,凭什么要求别人耗费自己的生命和你并肩创业?这其实和结婚找对象是一回事儿,当你自己没有强悍的实力,你根本不可能攀上高质量的合伙人。即便你的嘴上功夫厉害,能把别人唬住,但你拉住别人一时,能捆住别人一世吗?

而你会说了,马云一开始不也是个不名一文的人吗?蔡崇信、彭蕾这样的得力干将,凭什么偏偏就对他俯首称臣?因为马云知道,自己开局手里并没有抽到什么好牌,要是不使出浑身解数软磨硬泡,事情怎么可能干成!

与马云相比,很多创业者物色合伙人的过程,真的就等于在"敷衍"。

明明知道自己的开局不好,排位拿不出手,却还对找合伙人这件事不尽心尽责。以为找个猎头、加点薪水、靠朋友推荐,轻轻松松吃两顿饭,别人就会跳到你碗里来。

其实,**找合伙人,一是要真诚,二是肯花时间,此外并没有什么窍门!** 优秀的人才,并非"可遇不可求",而是"命里无时要强求"!

合伙人之间要能"琴瑟和鸣"

当然,找同学朋友不需要有什么"攀附成本",彼此悬殊不会太大,成功率很高,这是很关键的原因。这里我就要说说作为一个合伙人,最关键的因素是什么。

一个合伙人,能做到能力互补很重要,但必须建立在"目标一致"的基础上。一个好的创业团队,就像在合奏一首交响乐,管乐和弦乐音色截然不同,但放在一起就会非常"协调"。

一家公司能干出成绩,每个人"和而不同"最重要,但光有"不同"是不够的,"和"才是关键因素。

很多刚起步的公司,最大的风险,就是遇到会制造"不和谐"声音的合伙人。很多外部引进的合伙人,因为权责不明确,利益分配不明晰,对公司还没有那么大的信心,是很容易摇摆的。

对合伙人能力的评估是必要的，但千万不要忘了对"忠心"的评估，两者不可偏废。很多还没上道的创业者，很心急，只想短期利用别人的价值，只看别人的能力，但是人家就傻到看不出来，会对你绝对忠诚吗？

招人重要还是发展业务重要

很多创业的朋友,不管你之前有没有带团队的经验,在自己开公司的早期阶段,无一例外地会遇到"搞不定人"的问题。

比如我认识的一位从阿里出来创业的朋友,过去在大厂工作,身边的伙伴一个赛过一个的优秀,干活不用催,内驱力极强,"三个臭皮匠"就能把浩大的项目完美推进下去。可等他自己开公司,每天就被招人的问题搞得焦头烂额。

到社会上他才发现,带不动的员工,他根本拎不清是别人的能力不行,还是自己的管理水平不够。团队不给力,但业务还是要推进下去,凡事就只能靠自己亲力亲为。

可是老板什么都管,员工可就不乐意了。老板什么事情都要插一脚,员工就没有什么参与感。这样干了一段时间,他感到团队变成了一潭死水。

我这个朋友遇到的问题,在刚创业的朋友当中非常常见。老板的公司赚钱压力很大,业务必须往前,但是眼看自己的团队总是"缺把火"。是老板不会招人吗？是自己不够努力搞业务吗？其实也不全是，新创公司招人难是个全世界的问题。在这样的"镣铐"下，很多老板经常分辨不清到底是该以发展业务为纲，还是以招人为第一要务。

那么，对一个创业公司来说，到底是招人重要还是发展业务重要呢？

创业起盘的两个阶段

一家新起步的公司，人和事经常是对立且矛盾的。有时候搭个草台班子也能把事情推下去，但说句实话，与其说它是一家公司，倒不如说是个项目组；有时候如果以人为先，耗费大量功夫在团队的招募和融合上，业务可能迟迟也不见起色。

其实人和事虽然经常不能兼顾，但殊途同归，目的都是让创业公司能活下去。不同阶段，创始人的重心是不一样的。

创业刚开始的时候，说实话是"事比人重要"的阶段，如果业务的基本盈利模型都没有跑通，你再怎么谈团队建设，搞公司的愿景使命价值观，都是极其奢侈的。这个时候，创始老大独裁就独裁了，团队流失率高也就高了，自己当操盘手又何妨？能把事情做成，把业务模型跑通，就是压倒一切的"政治任务"。

这也是我给开篇提到的那位朋友的意见，千万不要太在乎员工内心怎么想，一定要把所有的心力花费在拿到结果上！你有了结果，公司能正常稳定地赢利，核心业务能具象成人力模型，老板就可以从具体的事中释放出来，去干下一个阶段更重要的工作。

而这个更重要的工作，就是"人比事重要"的阶段，老板要专注于搭建团队，稳定班子，让一个科学高效运转的组织为公司创造更多的价值！

"搞人"阶段的"常见病"

在"人比事重要"的时期，所有老板都希望招到两种人：第一种是帮自己"开枝散叶"的，业务模型跑通之后，老板想招到有经验的"排头兵"帮你自搭团队，扩规模；第二种是能"另起炉灶"的，帮老板尝试破局新项目，找到业务的"第二增长点"。

我发现，不管是招"排头兵"还是"排雷兵"，创业的老板普遍都会"犯病"：他们巴不得自己雇的这个"人才"，第二天就能给公司挣个几百万的大单；恨不得这个月花在"能人"身上的工资，当月就能给公司产生效益。

然而，胃口吊得越高，结局打脸也会来得越快。

公司刚刚步入正轨，我很能理解老板们想要大干快上的压力和动力，毕竟公司开门一天就是一天的成本。面试的时候，撞到一个优秀的人才，小老板内心肯定在想，上天可算派给自己一个救兵了。

而多数老板，一旦给人投资了过多的"期待"，心态就很容易变质。一种情况是，招到了"嘴上功夫"很好的救兵，他们几句话说到老板的心坎里，但蜜月期一过，有多大的金刚钻立马现原形。之后老板会一个劲儿扇自己耳光，觉得自己"识人不准"。

另一种情况，不是员工的问题，只能怪老板自己把人"神化"了。一些项目，本来"见效期"就慢，可老板是屁股决定脑袋的动物，他想我都花了这么多钱挖了你，怎么都过那么久还没见动静，你是不是在骗我。

这是一种无限的"恶性循环"，调子起高了，等到跌落的时候，不仅老板感觉自己是受害者，员工在公司也会越待越痛苦。如果这个"用人模式"一再上演，老板会发现最终没有人会帮到自己！公司在用人方面只会一直无法取得突破！

我们需要冷静地想一想员工的能力到底有几斤几两，并且意识到他的能力并不会因为挪了一个地方而在短期内有什么变化，老板其实并不是"看人不准"，而是"预期太高"。

用人的本质是预期管理

所以，在看人阶段，老板要修习的最核心的能力，其实是自己的预期管理能力。记住我的一句话，如果自己无法做到平和预期，忍耐包容，就会带来恶性循环，后果就是这个世界上没有人能帮你做成事！

我们不排除有的员工在能力上有问题，在招聘环节老板没能有效识别，但"牛鬼蛇神"其实并不可怕，可怕的是老板自己不会"用人"，让公司一直原地踏步。

其实，对刚起步的老板，最重要的一点是，要学会"延迟满足"。

对一个招人并不是特别容易的公司来说，首先要明确，没有谁会成为你的"救兵",你也不该给一个员工,强加"合同之外"的期待。

我所谓的延迟满足,不是对结果完全"佛系",一味地傻等员工给你带来结果。真正的"延迟满足",一句话来说,就是要坚持"原则性"和"灵活性"的统一。

坚持原则,就是不要有无谓的"期待",而是给双方设计一条彼此都知道的"结果底线",我们定下来3个月要拿到结果的东西,必须照单全收,到点验收。此外,如何实现,如何落实,细节怎么样,你完全放手就好。剩下的事情,让"子弹飞一会儿"就好!

初创公司如何招到精兵悍将

上一讲,我们说过老板在"人比事重要"的阶段,重要的制胜法宝,是要给手下做事的人足够的忍耐和宽容,不过你可能会问了:"蛋蛋,不是我不想忍耐和包容,是我现在的团队里,压根儿就没有能干活做事的人呀!我想忍耐,问题是我找不到能让我忍耐包容的对象呀!"

的确,如果一个团队里没有业务骨干,老板制定的战略目标没有人去执行落地,我们学习再多的管理科学和用人之道,也等同于"无米之炊"。

当年马云在北京中关村给阿里巴巴找投资的时候,投资人都觉得这个男人"不靠谱",他所谓的"让天下没有难做的生意",简直就是为圈投资人画的大饼。不过好在,马云的团队有"十八罗汉"这样的精兵,也有彭蕾这样能把马云的"宏愿"贯彻到底的悍将,才有了阿里后来的版图。

其实一家公司能创业成功,靠的真不是老板的战略眼光多高明,而是手下那群干事的兄弟工作有多卖命。

那么问题来了,现在的创业者到底上什么手段,才能招揽到一群不会质疑你的决定,还能把你的"梦想"落地的精兵悍将呢?

空降还是培养?这是一个问题!

如果把找到"精兵悍将"当作公司现在要做的一个大项目,你会如何拆解这个目标呢?

你的路径无非两条:第一就是从外面挖人,然后空降;第二是自己耗尽心力,自产自用。可是你发现了,不管是空降还是培养,对公司来说都不是最有利的"上策"。

上一讲我们就说过,从外面招人,就是个"请神容易送神难"的苦差事,你给了别人高薪,把人家当"救兵",可万一老板看走眼了怎么办?况且你把"大神"请到"小庙"里,公司的原班人马不一定配合,他们心里会想,老板是不是要搞差别对待了?是不是不信任我们?是不是又开始瞎折腾了?所以最后问题成了,到底是让团队适应空降兵,还是让空降兵适应团队呢?

那么内部培养是不是更好呢?好像也不是。公司不是不能培养,可是要是老板牺牲本就不富裕的时间,带出一个手下的得力干将,眼看刚能派上用场,别人就想着"跑路",弃你于不顾,那还不如一开始就不培养!

这样说来,空降和培养似乎都不是"全局最优解",可是创业公司要发展,必须有人才储备,"招到精兵悍将"这个项目必须推进下去！没有"全局最优"，那是否可以找到一条"局部最优"的方法呢？

其实，上述说的用人问题，不管大公司还是小公司都是存在的。而要把这个"招兵项目"进行下去，关键是要知道小的创业公司和大公司相比，有哪些完全不一样的限制条件！

世上本无精兵悍将

那么小公司到底有哪些我们必须直面的现实呢？

我们必须接受的一点，就是小公司几乎不能招到自己幻想中的"完美人才"。 不管创始人有多厉害，在小公司发展对人才来说，必然要承担极大的风险。如果只考虑风险和回报，人才必然不会选择小公司，小公司也不可能招到自己理想中特别厉害的人。

可是，很多老板，尤其是精英圈子里混大的创始人，很难认清这个现实。他们混的圈子都不是平庸之辈，他们接受的资讯，都是商学院里那些狗血的创业故事，还没开公司，他们已经预设了会有一群特别厉害的人，会和厉害的自己共同成就一番伟大的事业。可开过公司的都知道，这都只是一厢情愿罢了。

从另一个方面来说，你在商学院的故事里听到的那些伟大公司的"精兵悍将"，从后视镜来看，他们的确为公司的发展立下过汗马功劳，但不要因果颠倒，不要以为他们是天生的王侯将相。在公司发展的早期，他们同样只是一个有潜力的业务员，只不过公司发现了他们，他们的发展和公司的前进耦合在了一起，这才有了你所看到的"精兵悍将"。

所以,对于挖人这条路,大家不要期待太多。而对于初创公司来说,自己挖掘培养业务带头人,是相比之下最现实、最经济的一条路。

如何培养业务骨干

老板之所以会抵触自己培养业务骨干,还是担心自己培养之后鸡飞蛋打,竹篮打水一场空。

为什么老板怕?其实还是老板的"执念"在作祟。"人往高处走",是一个人之常情,是不以你我意志为转移的自然规律,为什么规律作用在你的身上你却不愿意接受呢?对于必然会发生的事情,你要做的是,从培养员工的第一天起,就要接受他会走的这个事实。其他的,保持随缘和佛性,坦然面对就好,你的公司不会因为极个别人的流失而发生质的变化。

老板们的"执"还表现在培养人的时候投注了太多的情感因素。你肯定会认为,自己牺牲了很大一部分精力、能力和心力去培育一个好苗子。可是他真的认为自己是被培养的吗?也许在他心里,他觉得你只是在培养能做业务的人。你只是手下无人,必须拉一个人上去。

解决这个问题的办法,就是抛弃你正在付出和投资的执念,**培养业务骨干最好的办法,不是主动刻意去栽培,而是被动发掘,设计某种机制,让真正值得的人自由放光。**

比如,在我的公司里,我们有一套"用表格发掘骨干"的方法。其实我们的工具并不复杂，就是把每个项目都设计成一个大的进度表格，然后追踪每个人每天完成项目的情况。

你会发现，一个团队里的人，永远都有没法按时按质完成计划，不断拖延的人，同样，也有那种凡事"提前"，"件件有着落，事事有回音"的同事。谁值得培养，谁在你的团队里会放光，在统一的标尺之下自然会高下立判。

所以，我们不会刻意去承诺培养某一位员工，也不会凭着自身的执念去强迫个人的成长，我们认为真正会和团队走下去的人，是会"不言自明"的。

初创公司如何培养优质团队

说实话，如何带出一个能打胜仗、作风优良的好团队，这件事情非常复杂。我不敢说自己对团队建设非常精通，但我在创业公司如何建设团队方面，还是有一些发言权的，这是因为，我自己多次创业，在组建团队方面的确踩过不少坑。

通过事后复盘，我发现其中有一部分是我自己性格的原因，但和很多创业小老板交流之后，才发现其实这都是普通人第一次创业经常会遇到的高频问题。

做老板不能由着自己的喜好来

我先讲一个最让我痛彻心扉的"丑事"。

你是否还记得，第一章我曾经讲过自己最早做企业礼品定制公司的故事。我当时的确是克服了很多困难和阻碍，组建团队、扩大规模之后，才顺利赚到了自己的第一桶金。其中最大的麻烦，就是因为自己的无知，导致团队差点分崩离析，公司差点散伙。

当时的我，在用人方面还是一个小白。那时公司正处在用人之际，为了营造良好的团队氛围，也为了留住两个业务强将，我当时和他们关系走得特别近。直白一点说，我完全把这两个人当作自己的"好哥们儿"来相处，我们上班是无话不说的同事，下班一起吃喝玩乐。

我当时的想法极其单纯，一方面我非常享受和自己关系好的朋友一起工作的感觉，毕竟我觉得工作和生活合二为一，并没有什么不好。另一方面，和我自己的员工，尤其是销售业绩做得还不错的同事搞好关系，这对公司未来搞业绩是很不错的一手棋。

不过事实似乎并没有朝向我想象的那样发展。过了一段时间，公司员工似乎跟商量好了一样，在一个星期内扎堆地提出离职，原来四平八稳的销售业绩，也遭遇了断崖式的下滑。经过一段时间的反思和打听，我才知道员工的真实想法和整个"团队黑洞"背后的真相：

我把极个别员工当哥们儿，并不代表我对他们差别对待。但在我的员工看来，老板就是在一味偏袒和纵容自己的"心腹"，他们会质疑，是不是这两个人在公司干什么都行？是不是自己得不到老板的喜欢？是不是自己工作再怎么努力用心，还比不上和老板吃喝玩乐搞好关系来得轻松？结果这种"无心的偏袒"，逐渐变成了员工对我的不满。

我第一次意识到，做老板真的不能由着自己的喜好来，无论如何，一定要和员工保持一定的"距离感"，距离感不是没有人情味，而是为了团队和公司的整体利益，你的个人好恶必须退居其次，你必须维持人心对"一碗水端平"的朴素要求。

到最后，我第一次做了"狠人"，把这两位"好哥们儿"辞退。从此之后，我在公司再也没有朋友了，但是这却换来了我团队的稳定和之后业绩的成长。

老板是搞坏团队的"第一罪人"

其实，我的故事只是一个引子。之后我在和其他创业者交流的时候，我才知道，很多第一次开公司的老板，在招人以及和员工的相处方面，都有和我一样的"大病"。

一方面，创业者用人会由着自己的喜好来，总喜欢雇用那些和自己"对路"的人，而不是从团队发展的客观需要出发，综合各方面因素排兵布阵。

另一方面，创始人会为了团队的融洽考虑，对员工的管理太过"放肆"，企图通过"交心"或者"当兄弟"的心态和员工相处，甚至对极个别业务骨干有所偏私，反而伤害了整个团队的"军心"。

所以有的时候，并不是你的员工的肚量不够宽广，也不是你待人不够真诚，初创团队容易出现的"信任危机"，都是因为老板在处理和员工的关系方面，拿捏不好恰当的"度"所导致的。用我一句有点过分的话来比喻，老板基本上是搞坏团队的"第一罪人"。

5.

行业思考

有句俗话，叫作：
"三百六十行，行行有猫腻。"
我想补充一句，那些看起来简单、所有人都容易上手的行业，猫腻往往更多。

咖啡馆创业

我们不妨做这样一个实验，随机采访身边的一个女孩子，问她们创业最想做什么，答案里肯定有一个咖啡馆或奶茶店。开一家咖啡厅，是一件多么幸福的生意，阳光花房、书本猫咪、咖啡甜点，每天还能坐着就把钱给挣了，听起来是不是就很诱人？

除了女孩子喜欢，我还发现大学生创业，也会把开咖啡厅作为首选，毕竟咖啡这个东西，场地学校提供，不需要太多时间，还能兼顾学业。

听起来咖啡厅是个小白创业不错的选择，但这些年，尤其是疫情之后，你但凡去采访那些开过咖啡馆的朋友，他们都会摇着脑袋告诉你：珍爱生命，远离咖啡！

有99%的独立咖啡馆是赔钱的

俗话说：没有调查就没有发言权，我们蛋解创业曾经做过一场声势浩大的走访调研，我从录音频到拍短视频，访谈过无数从事过咖啡行业的学员。一开始我非常好奇，大家为什么对开咖啡馆这件事，会有如此深的执念？

我发现除了情怀以外，咖啡创业的朋友，无一例外都觉得咖啡有前景：他们会告诉你，中国现在人均咖啡的消费金额和国外相比差远了，而且咖啡又是成瘾消费，未来国人一旦养成喝咖啡的习惯，那这个市场空间会无比惊人，所以要尽快入局！

此外，他们还觉得，做咖啡一定要做现磨的、精品的，有情调和品质的咖啡店。速溶咖啡那不叫咖啡，未来人们口袋里有钱了，速溶一定会被现磨取而代之。

为什么我称他们的想法是执念，而不是理想呢？是因为只要你亲自计算过独立咖啡馆的商业模型，你会发现有99%的独立咖啡馆是绝对赔钱的。

如果你不满足于开一家咖啡店，而是效仿新锐咖啡品牌，抢资本押注的赛道，弄些花活搞所谓的跨界创新，你的结局大概率也不会好。

我们先来说说，为什么几乎99%的独立咖啡店都是以快速破产为最终宿命？

先看成本，一家咖啡厅，至少包括房租、人员、原料和折旧损耗成本四个方面。想把你的咖啡厅打造成"少女"理想的模样，直接代价就是"三高"——高房租、高折旧、高人工，如果你对豆子的品质有追求，那么原料成本也会很高。

而在这四个成本项中，人工很难省、原料也没有什么降本的空间，要是把自己的店装修得太差，别人嫌弃索性就不光顾了，唯一能操作的，居然是房租。

没错！我经常和同事们开玩笑，只有两个女人开咖啡馆能赚钱，第一个是海妖，也就是星巴克，第二个是包租婆。为什么星巴克能挣钱？因为品牌有天然的优势，在和开发商博弈的环节很容易抢到非常低的租金。

第二类人是包租婆，就是用自己的房产开咖啡店的人，如果还能把人力给省了，那是妥妥的净赚。除此之外，其实能在租金方面有优势的咖啡店并不多。

说完成本，我们再看收入。在开一家独立咖啡馆之前，先要问自己一个问题：我开的这家咖啡店，用户到底消费的是什么？

全球的咖啡行业完成了三次质的迭代：第一代就是满足生理需求，喝咖啡是为了提神和享受美味；第二代是情感需求，喝咖啡演变成了休闲娱乐以及人与人之间的价值认同；而第三代也就是我们所说的"第三空间"，满足的是人的社交需求。

也许，你调咖啡的手艺很好，你觉得"精品咖啡"是你吸引人流的一个卖点，但人家也许喝不出咖啡的好坏，就只是单纯地想要找个环境优雅的地方和朋友聚一聚。

但是，"第三空间"本身却意味着巨大的成本，以及沉重的商业代价。如果主打环境和体验，那意味着你在前期的空间设计上必须耗费巨大的成本，回本周期会十分漫长，对你的启动资金储备要求也会很高。

当所有的精品咖啡馆都注重体验和设计的时候，这就意味着这个行业会越来越卷，你和别人很难拉开差距，结局就是开店成本很高，但你的客流却很难有质的飞跃。

开咖啡馆之前,这些"坑点"你要知道

从商业模型的角度我们发现,精品咖啡赚钱现在是越来越难,但如果你还是对咖啡情有独钟,那么下面这几个"坑点",你必须提前知道:

现磨咖啡红利是个伪命题。

根据2021年的数据,在我们国家,速溶咖啡的市场占比高达84%,未来精品现磨咖啡替代速溶咖啡是一个大的趋势,但问题就在于这个趋势极其缓慢,是一个大家收入缓慢增长和消费习惯逐渐养成的过程。

而对你来说,你是在当下这16%的"小市场"里做一场内卷式的厮杀,放到你楼下小区和写字楼那么小的一个区域,"现磨咖啡"根本就不是红利!

租金成本的控制是生死线。

咖啡店省出来的成本,就是老板保命活下去的利润。对咖啡店来说,豆子不能太次,人力也不能太省。而重头戏还是如何科学选址,找到租金和人流之间的最佳平衡点。

如果你的选址定在闹市区,把装潢搞得格外高级,家底不够厚,你很难熬过前三个月。但选址太偏僻,租金虽然低,人流量却十分有限。

对于新手,我的建议是尽量选择租金成本低的方式,然后从其他渠道增加客流。

比如我们曾经调研过一家新锐咖啡品牌,虽然它的门店选址十分偏僻,但它采用的是"双场景模式",白天是咖啡馆,晚上

和酒吧合作，通过共享客户和延长营业时间的方式提升流量。

据我所知，有的咖啡厅把自己的面积弄得很小，流量上和各种网红合作。有的咖啡厅甚至取消堂食，把租金成本降到最低，只面对写字楼群体接线上外卖单，这些举措的目的都是找到租金和人流的平衡。

拓展周边产品，提高客单价。

提高客单价最直接的方法就是加入早餐、午餐甚至晚餐。与咖啡搭配的有牛排、轻食、甜品。就像我们前面分析的，甚至有人会加上酒水或者宠物。而增加翻台率上可做的文章也很多，比如降价，比如做更好的营销传播成为网红品牌，比如缩小店面等，但这些或不持久，或影响用户体验。

另外最重要的是，在中国，喝咖啡的仍然是少数。

当然，也可以像我们前文举的例子一样，通过差异化定位不同人群，降低选址要求，从而降低房租成本。

民宿创业

近期"新疆被全国游客挤爆"登顶热搜,客流量暴增,让出行、住宿、吃饭都成了头疼的问题,虽然舆论哗然,但是其中又隐藏着一个利好消息:大家消费出行的欲望又回来了!正值盛夏,"天马浴河""王八上岸"等自然风光热度蹿升,都在宣告大家对自然盛景的热情。

那么兼容风光独特性、私密性,但被灭霸弹了一响指的民宿,曾经"躺"赚的行业,能否再度成为理想国?

在口罩影响之下的各大"民宿门"在关灯吃面的这段时间里是否还能存活?民宿行业是否还有红利期?想要入局成为民宿主的广大创业者又要怎么做?

这个"躺"赚的行业如何催生起来的?

说起民宿爆发元年,就不得不提2017年,国家落实"十三五"规划,推进"旅游+",培育旅游新业态,助推振兴实体经济,"旅游+"再也不是"拉郎配",让众多看准市场、蠢蠢欲动的资本家吃了一颗定心丸。再加上《青春旅社》《亲爱的客栈》等综艺栏目的助推,诗和远方承载着每一个民宿创业人的"小阳春",整个行业一片欣欣向荣之感。

要看民宿赚不赚钱,"二八定律"隐藏玄机,咱们通过实际案例看看潮水没退去之前,"头部猎头"的发家史。根据某乡村民宿头部品牌合伙人介绍,其第一家店在2013年底开业,如今在全国已经开出了12家民宿,其中有11家在长三角地区,全年入住均价是1300元/晚,入住率超70%,如果按每家15间房来算,年收入约1500万元。你说民宿赚不赚钱?抛去客用消耗品、房租这些,还能稳赚几百万元,是回本周期短,妥妥实现"躺"赚的行业。那个时候民宿行业可真的是一派"盛唐"景象。

但市场从不缺乏猎鹰的眼睛,2016年,莫干山民宿数量就已经比2015年多了一倍,2017年又比2016年多了一倍,让民宿一度形成"诸侯割据,各家鼎立"的态势。与此同时,伴随着行业大洗牌,资本对于民宿行业也从资本热趋于冷静期,短期供需失衡、盈利模型不清,上演起"各大民宿门之变"的混战。

在这场混战之前,这一头部民宿品牌始终主打小而美的乡村度假民宿,并且赶上了莫干山集群战略发展风口,相关产业迅猛发展,民宿拥有了更多可视化变现的机会,再加上,地方政府也在积极引导民宿发展的"双联袂"。承办民宿会议、接待全国各地来的考察团、承接大小型活动等让众多民宿接单接到手软。

从这一品牌中,我们不难看到民宿盈利的缩影,那蛋蛋和大家一起矮个里面拔大个儿，盘一下民宿创业的盈利点。

连锁运营、门店直营是一个，有单店也有连锁，连锁就会涉及一些加盟费、管理费，但是风险也大，单店自然营收小一些，但是相对来说风险也就小一点；第二，通过民宿叠加的盈利模式为品牌"开枝散叶"，比如大乐之野的"野有系列"，通过"野有食""野有酒"等系列丰富盈利模型；第三，通过承接政府扶持的会议、大型演出等活动增加品牌营收；第四，有的民宿也做二次销售，就是延展民宿周边产品，打造"民宿+"模式增加收入。

掰着手指头，好像也就这些。说到这儿就会有人问了，盈利模型不清晰，那么亏损点都在哪儿？咱们再举个实例，蛋蛋之前带团队去的重庆民宿集中地鹅岭二厂，也就是区别于乡村民宿的城市民宿，要是有人不熟悉这个地方，电影《从你的全世界路过》，就是在这儿拍的。

鹅岭二厂也是在《从你的全世界路过》这部电影之后变得繁荣的，而在这个片区，几乎找不到民宿以外的常规酒店——特点是城市民宿集群，而且同质化很严重，这就让人陷入了"不得不选"的循环之中，让人有种我是不是被"民宿包围"了的感觉。

当时我们选择的民宿，单价不算便宜，400~900元，先说优点：装修环境有一定特色、客消耗品比酒店好一些、管家服务贴心一些。再来说缺点：没卡准定位，周围就是街道，拍照没地方拍，主打情怀项目的民宿没抓住选址的核心要点；标准化程度不够，地面清洁、卫浴、房间气味、温控都不如酒店体验好。后来蛋蛋一打听，这里大多是临时找一下阿姨来做打扫，没有固定清洁人员，导致清理不定时、清洁不规范等影响体验感的问题。

其实，这背后的根本问题在于城市的低门槛。在重庆，少到几千块钱就能开一间民宿。大家一哄而上，不惜租房抬高成本去开民宿，以至于供大于求，不少民宿都在"夹缝中生存"，哪还有钱请专业清洁人员。

同样地，网红城市成都也面临这样的问题，自媒体平台民宿客介绍了三家成都民宿的经营状况：前期投入2万~7万元不等，月租金2000~3000元，七八月份旺季能盈利6000元到1万元，但是到9月淡季，直接就会亏损几千。

民宿为什么会亏？

接下来，我们来整合一下民宿亏损点：

第一，民宿最大的风险来源于政策。 城市民宿很难拿到合法经营证照。

第二，同行竞争压力大，"价格战"成为领域浪潮。 单店不成集群，带不动区域经济，不可控制的因素就大，形成同行业集群，各家民宿又容易"崭露头角"，动不动就打"价格战"一分高下。

第三，环境影响，不可抗力仍存在。 2017年九寨沟地震那段时间，成都的很多民宿直接被客人退房，之后再订房的顾客大幅减少，直接形成了"闭门潮"。

有人问民宿盈利点单一，又有一定的亏损风险，究竟该不该入局。我们前面就说了，行业未成规模、未成标准、未成体系，说明民宿红利期还在。那么重点来了！作为普通创业者的我们，在入局时要规避哪些坑？在采访十几位民宿老板之后，蛋蛋总结出了这些：

第一，选址影响流量。你在海边开民宿，百分之八十的海景房都在你的民宿内，光凭这一宣传点，就"赚足"了眼球。

第二，流量形成人群。看看往来人群，做好人群定位。

第三，人群形成风格。民宿品牌应该拥有自己的差异性竞争力，通过大部分到店人群喜好来评定基本不会出错。

第四，风格成就设计。不要找普通的设计师去给民宿设计，普通设计师不懂民宿，最好找酒店设计师以及专业的民宿设计师。

第五，设计影响价格。在设计之前就要做准定位，平价还是高端，中高端不上不下的打法不适合民宿，咱也别"耍大牌"，上来就几十万、几百万地整，有多大碗就吃多少饭，先试试水。

第六，价格成就利润。利润空间有了，才有更大精力去做团队管理，让民宿成体系化地进行。

最后提醒一句，无论是乡村民宿还是城市民宿，目前还未形成标准体系，民宿之争也在运营、资源、成本等多方面"内卷"，想要形成系统性、模式化的雏形，可能还需要一段发展期。

创业就是和平年代的一场变革，无论选择哪种就业方向，都要找到属于自己的舞台，做好充分的心理准备，再决定是否要做。

预制菜加盟

说实话,都2023年了,适合普通人入局的风口真的不多。而我收到的问题当中,关于预制菜加盟的问题真的不少。

所谓预制菜,你别看名字很高大上,但用一句通俗的话来说,就是把一道菜所需要的原材料直接给各位群众准备好,省去复杂的拣选加工流程,直接下锅一炒,或者微波炉里一加热,就能在最短的时间里烹制出一桌子的美味佳肴。

针对这个新模式、新吃法、新场景,资本造了一个词,叫作"预制菜",还是那套熟悉的说辞:这个赛道是"万亿市场""全新风口",连之前操盘瑞幸咖啡的陆正耀,还有趣点的罗老板,都想分一杯羹。同时,预制菜还向老百姓开放了加盟窗口。

那么,预制菜加盟到底能不能干呢?

我的回答是:对于预制菜,普通老百姓最好别干,要慎之又慎!

预制菜很可能是伪需求

我们先思考一个傻瓜问题——谁才会为预制菜买单呢?都说预制菜解决的是年轻人"懒"的这个刚需,可我就纳闷了,咱直接叫外卖,那不是更简单吗?

但凡家里现在还自己做饭的,那基本上都是50后、60后在掌勺,他们貌似更喜欢买原材料自己加工吧?而预制菜这个概念之所以现在特别火,主要还是因为节假日的时候预制菜确实在销量上有那么一波小高潮,让大家误以为预制菜很有前景。但抛开表面成因,真实原因是80后、90后的年轻人想在家人面前秀一波手艺,买来一大堆预制菜,打算靠一己之力做一桌子年夜饭,仅此而已。

因此,从这需求上看,C端用户对预制菜的需求真心没有那么旺盛,复购率特别低,除非哪天外卖平台全都倒闭了,预制菜领域才会发生井喷效应。

其实,预制菜这个东西,起源于美国,成熟于日本。为什么他们会有预制菜?是为了解决消费者"懒做饭"的问题吗?

据我了解,日本和美国之所以有预制菜,压根儿就不是为了满足C端的需求,人家玩的是中央厨房加冷链配送,解决的是餐厅无厨师经营和菜品标准化的问题。而咱们这儿呢,来了一个新瓶装旧酒,把本该卖给餐厅的东西变成了C端的零售消费品,那能有人买吗?

所以,预制菜很可能就是一个彻头彻尾的伪需求,只不过伪需时间验证。

预制菜加盟是风口还是火坑？

先来看看号称"预制菜第一股"的某预制菜品牌。截至2020年12月31日，这一品牌的加盟店一共有1117家，销售总金额是3.2亿元，所以平均到每家门店单月产出也就2.39万元，折合到每天，销售额就只有可怜的796元。

我们按40%的毛利计算，那店主每天的收入也就300块左右，这可还没减去人工成本。

同时财报数据还披露，目前加盟店的销售额只占总营收的52%，那也就意味着他们有一半的收入可全都来自大客户采购。这跟加盟商，没有半毛钱关系！

再来看一家号称"八平方米就能加盟开店还给补贴"的品牌。其实一般来说，在单店模型跑通之后，考虑加盟才比较妥当，这也就是我们俗称的两店一年。

可这个品牌项目立项至今还不到两年呢，靠着疯狂融资，疯狂开店，疯狂地放加盟，据说现在已经开了3000多家店了。可我就想问了，这3000个加盟商算个啥呀？从打法上看，它一味地追求快速抢占风口，快速做大规模，快速融资上市，然后呢，可能啊，就没有什么然后了。

最后咱们来看另外一家"不卖隔夜肉"的品牌，人家最近悄没声地增加了一个预制菜的品类，为什么呀，说白了就是拿这个新概念唬一拨等着发财的小白。

可是，如果用投资人最爱问的三个问题来提问的话，我估计所有干预制菜的老板都会很尴尬：预制菜这玩意儿到底谁会买

单？消费频次到底高不高？复购率又如何呢？

最后我再送你一个数据，到目前为止，全国新注册打算干预制菜的企业已经达到了 1.25 万家，注意啊，我说的可不是加盟店，而是品牌方，也就是说，这 1.25 万家中可有好大一部分都等着开店放加盟，收你的加盟费和保证金呢！

健身房创业

这几年走在大街上,我相信你一定遇到过不少健身房的小哥朝你递传单,问你"游泳健身是否要了解一下"。每当你被他们拉到健身房,听到办卡的年费动辄大几千甚至上万元,你是否也会心里打鼓:健身房"来钱"也太容易了吧。

只要每天卖出1到2个年卡会员,单天流水就能过万,卖一个星期,租金场地和员工的成本能被完全覆盖,剩下的不就都是纯利润吗?搞个所谓的促销活动,收一大笔钱,前期的投资很快不就能收回来了吗?你告诉自己,现在的创业,能快速回款才是王道!

的确,从疫情之后,人们的健康意识大大增强,"管住嘴,迈开腿"已经成了男女老少的共识。即便你前期启动资金不够,开不了像威尔士、浩沙健身那样的大型健身房,不过在社区内租个场地,做点精品健身工作室,或是瑜伽馆,好像也能做一个小而美的生意。

那么健身房到底适不适合普通人创业呢？它给人留下"来钱快"的真相到底是什么？如果你真的打算开一家健身房，有哪些问题是要尤其留意的呢？

健身俱乐部大多"难盈利，爱倒闭"

告诉大家一个2020年健身行业的真实数据，有84%的健身俱乐部熬不过12个月。开健身房，业界还一直流传着一个笑话：会籍顾问赚钱了、教练赚钱了甚至前台都赚钱了，但是老板不赚钱。

为什么表面看上去日进斗金的健身俱乐部，倒闭却成为常态？这都要从健身行业的"现金流"模式说起。

我们蛋解创业的编辑部曾经对国内几家比较大型的健身俱乐部做过实地调研，从我们拿到的结果来看，很多大型的俱乐部流水高是事实，比如浩沙健身最鼎盛的时候，总门店的单月营业额曾经过亿，一兆韦德私教一个月还跑出过1000万元的销售神话，这个行业"造富幻相"的背后，却是高到你完全无法想象的运营成本。

对这些大型的综合性健身房来说，他们的占地面积大，普遍在2000平方米以上；同时他们的设备器材十分齐全，涵盖了器械区、有氧区、私教区、自由力量区、动感单车等，几乎覆盖了健身爱好者所有的需求。

但是如果行业的现金流好，这些成本不就能很快收回来了吗？为什么还会现金流枯竭，甚至面临着倒闭的困局呢？

首先，我们要从这个健身行业面临的外部环境看，我们调研的这家大型健身房，周边不到两千米的范围内，还有3家门店，以及59家小型健身工作室，竞争十分激烈。

其实从某种角度上看，健身房的门槛并不高，并不是说只有高壁垒的大型健身房才能生存，很多小型工作室收费低、投入低，也能找到自己的生态位，和它们一同卷起来。不只线下，很多互联网健身品牌，也在和大型健身房抢市场。所以，大哥们很难"大而不倒"，对于固定资产投入如此庞大的大型健身房来说，"大"反倒是一种累赘。

况且，这些大型健身房"薅羊毛"的套路无外乎"年卡模式"和"预付制"结算模式，早就被世人诟病已久。

没了预付，健身房几乎在裸泳

其实干过健身房的人，多少是知道点赚钱的内幕的。按照我们推算的健身行业的运营成本，健身房其实总体来说都是亏的，但为什么它总会给人一种"现金流"充足，甚至整个行业都在"圈钱"的错觉呢？

答案就是健身房特有的预付制模式。

什么是预付制？第一次去健身房时，顾问和教练会催着你办年卡、买私教课。有的健身房还没开门迎客，客户已经续费续到三五年以后。

健身房老板肯定喜欢预付，一来还没开门，就可以把开店的启动成本给收回来；二来客户会被长期锁定，等年卡到期了，还能持续不断接着割。

但是，这种模式对健身房的经营却是致命的。

第一，从会计准则的角度来说，预付的收入并不能算作是你赚到的钱，而是健身房的"负债"，只有在当月的服务结束后，这笔钱才能算收入，在此期间，大量的人员开支、庞大的设备折旧、日常的运营费用都需要老板持续提供。

所以，虽然老板们账上躺着很多现金，但到底赚钱还是不赚钱，只有在破产那一刻才知道。

第二，从经营的角度，这就像是一场击鼓传花的游戏，是以透支消费者的信任为代价的。

在预付的背景下，健身房只有通过源源不断招募新的会员，或者让老的会员续费，才能支撑"高负债"的盈利模式，所以你会看到多数健身房最在意的还是会籍顾问以及教练卖私教课的销售能力，而不是会员到底能不能在这儿长期坚持健身、减脂、塑形。

所以，存在了20多年的传统健身房预付费模式，决定了它就是一个销售型的行业，根本不是一个服务型的行业。

于是，这就形成了一个恶性循环。

一家健身房永远只能靠吸纳新会员来滚动现金流，根本无心去提高服务质量，不提高服务质量，这意味着到了第二年就没有续卡率。而一个线下门店，只能覆盖周边3~5千米，竞争激烈时也就2千米左右，这小小范围内居住的人群和流动人口有限，3年左右也就开发得差不多了。

所以，开个健身房两三年就关店走人成了业界常态。这种模式下，健身房根本没有好的退出机制，这里的退出机制是指企业将会员的现金流变成净利润的机制，反倒是倒闭成为最佳的退出机制了。

烘焙店创业

有句俗话叫："三百六十行，行行有猫腻。"我想补充一句，越是那些看起来简单，所有人都容易上手的行业，猫腻就越多。

我下面想讨论的烘焙行业，就是一个典型的"猫腻集散地"。

说起烘焙，我想很多人在计划创业的时候应该都考虑过。烘焙其实就是烤蛋糕，我身边认识的很多朋友自己烤面包、做甜点很厉害，就卖给自己的街坊四邻，或者发朋友圈集赞经营自己的私域流量。

有的老板手里有钱，他们会觉得烘焙相对简单，消费需求广泛，并且自己看得懂，就会考虑在自己所在的城市给知名的烘焙品牌做区域代理，利用别人的品牌给自己挣钱。

然而，烘焙行业却是真正的外行看一厘米，内行进去一千米的"深坑"。

烘焙加盟，你看不到的坑

说到面包行业的加盟，就不得不提已经在新加坡证券交易所上市的一家品牌。

这一品牌从2003年12月进军中国市场，是当时唯一一家以经营面包上市的公司，当时国内还没有精品面包的概念，也没有人直接开放后厨给消费者，凭着这些营销的"花活"，它很快获得了国人的喜爱，在高峰期甚至拥有400多家门店。

但是，从2012年开始，这一品牌开始陆续爆出各种食品安全问题，比如，上海辣松面包大肠杆菌超标、昆明加盟店使用过期原辅料、无锡加盟店老鼠出现在蛋糕卷上等。门店食品卫生安全事件频发，导致品牌口碑一落千丈，店铺陆续关闭。

乍一看，这一品牌的食品安全问题是门店质量管理的疏漏，但如果你恰好加盟了这个大品牌，即便你自己的店没有安全漏洞，但品牌要是走下坡路，那最后倒霉的不还是你吗？

我们就来说一下，这个行业大概有哪些你想不到的陷阱。

第一，大部分门店都是"微盈利"，千万不要相信行业"躺赚"的说辞。

我们曾经派人蹲守过这一品牌的某家门店，这家店靠近大学城，还处在知名商圈的核心地段，非常能够代表烘焙店的中上水平了。

我们发现，这家地段还不错的单店日客流大致在300~500人之间，按照客单价30元计算，日均流水在7500~12 500元之间，加上线上接单，每个月的流水在35万元左右。

不过，我们按照毛利70%计算，扣除每日3000元的房租，以及每月9万元的人工，净利润率在7%～10%之间，可见这家门店仅属于微盈利的状态。

选址优良的地段尚且如此，更不要提那些客流量相对普通的门店。况且按照每个月3万元左右的盈利水平，覆盖前期大量的加盟费用并不是一件轻松的事情。

第二，面包店和茶饮、咖啡等业态相比，更容易发生食品安全问题。

为什么这类加盟店频频出现食品安全问题，但直营类烘焙店的食品安全问题却不是很突出呢？

很多小白以为烤制蛋糕并不复杂，但是从供应链管理的角度看，烘焙门店的品类十分庞杂，看上去精致小巧的面包，每个的制作工艺和配料辅料都十分复杂。况且面包本身制作时间长、储存时间短，还要趁着新鲜劲儿，把面包快速销售出去，这背后都是难度极高的技术活儿。

此外，对加盟门店来说，物流管理也是一件复杂的事情，面包对保质期的要求十分苛刻，总部为了控制面包的品质，通常采用的是自建中央厨房的手段，核心原材料的采购都是放在自己手里。

但是如果加盟门店距离中央厨房的距离太远，不仅物流成本会提高，而且也不利于面包质量的把控。比如，上述品牌之所以关停某些门店，其公布的原因就是门店离中央工厂太远，物流成本太高。这其实也是很多烘焙行业很难形成全国连锁品牌非常重要的原因。

第三,纯靠线上很难谋生,更不要加盟纯线上品牌。

既然线下加盟不赚钱,也易引发食品安全问题,那么是否可以成为一些线上烘焙连锁品牌的合伙人?再不济,是否可以走微商路线,发朋友圈自己在私域流量里卖面包和蛋糕呢?

这里我们要注意一个问题,如果从我们第一章聊到的"谁付费谁决定结果"的原则来看,在中国,面包真的是一个低频、低复购、低客单价的品类。蛋糕相对好一些,虽然购买频次很低,但至少价格和毛利还算过得去。

娃娃机的生意

这几年的"躺赚"行业当中,一定会有娃娃机的影子。

我其实是娃娃机这个生意的"深度受害者"。我抓娃娃的技术非常高超,花200元钱,我能给我儿子抓4个娃娃,这无疑是我人生的高光时刻了。

一个娃娃成本才几块钱,抓娃娃看起来真是个"稳赚不赔"的好生意。加上娃娃机的投资成本并不高,不用人工,这么算下来毛利率其实都接近90%了,只要往商场里一搁,人坐在家里钱就到账了,这年头哪里去找这么好的买卖?

但作为一个长期研究各种创业项目的段子手,我总觉得这个事情没那么简单,这个投资小、毛利高、不用人的"躺赚"项目,真的有那么香吗?

娃娃机生意注定不长久

2017年，娃娃机成为国内一波新的创业风口。你不知道的是，在此之前，娃娃机只是电玩城里的一个周边娱乐项目，还带有一定的赌博性质。

但就在一两年的时间内，国内突然刮起了一阵娃娃机的风潮，但凡能在商场搞到点资源位的人，都会在商场、影院、地铁站等各种消费场所铺设娃娃机。

根据我们的采访，在娃娃机被广泛铺设的早期，线下的娃娃机还是挺赚钱的，但是2019年之后，娃娃机行业开始垂直下行。疫情之后，随着线下商场的崩塌，这个行业也随之消失在大众的视野中。从一开始的"躺赚"，到最后的哀鸿遍野，这个行业其实并没有我们想的那么美。

首先我们来说说为什么娃娃机能赚到钱。

其实娃娃机的盈利模型并不复杂，毛利也还是非常高的。首先是它的场地成本很低，单点铺设的娃娃机每个月即使在一线城市也只需要花2000~3000元；而娃娃机不需要人力，运维费用也很低。唯一需要付出的成本就是娃娃，每只娃娃6~15元。

虽然抓娃娃的单次营收看上去并不高，只有两三块钱，但如果永远抓不出娃娃，这台机器的毛利率基本能达到一开始我说的90%。

那为什么这个稳定的营利方式，过了一年之后就压根儿不灵了？

其实，娃娃机赚钱的原因，和它之后亏损的原因，本质上是一回事。我们先从本质思考一个问题，娃娃机赚的到底是什么钱？

娃娃机的客户基本有两种，第一种是像我这样想要给孩子炫技的父母，第二种是逛商场的过程中，闲到无聊想要消磨时间的人。它本质上填补的是我们在碎片化的时间和场景中的娱乐化需求。在一开始搞地毯式铺机的阶段，商家就算准了大部分年轻人想要猎奇进而尝试的动机。

据我们了解，当时娃娃机的新客率达到了98%，也就是说，商家从一开始就知道这个生意是一个一次性的买卖，根本不指望消费者能复购。

而这个模式想要赚钱，前面说到一点，就是要维持90%的毛利。要做到这一点其实并不难，因为用户抓到娃娃的概率是可以自己设置的。既然不做复购，不在乎大家的体验，那躲在背后收钱的人，肯定恨不得用户永远抓不到娃娃。

你看，如果要赚钱，必须让用户永远抓不到娃娃，用户抓不到娃娃，意识到自己被骗了，自然不会再一次抓娃娃，可新客总有吃光的一天。那些冲动尝试的消费者，也有回归理性的一天，这说明这个生意到头来总有带不走的一天。

这一切都说明娃娃机的风潮最后只能是"昙花一现"，所谓的高毛利只是表面风光而已。

娃娃机的变种：盲盒创业

虽然娃娃机死了，但是2018年后，市场上涌现出了大量娃娃机的替身，比如口红机、幸运盒子、盲盒等等。

难怪有人说：娃娃机虽然还是死了，但是却换了一张皮，给那些手里没什么大钱，又想成为"暴发户"的朋友，编织了一张必然会断裂的网。

其实我们只要熟悉盲盒的这套操作，就会发现盲盒就是一种变相的"娃娃机"，只不过盲盒编织的"虚假繁荣"，要比娃娃机来得更加绚丽、更加隐蔽。

那么，大家消费盲盒，到底是一种什么心理呢？

可能得到，又可能得不到；得不到，一次失去的就是一个娃娃的钱，少则几块钱，多则几十块，并不算多；得到的话，那一秒会感觉自己得到了全世界，特别是当周围有人围观羡慕欣赏的时候。

说赌不是赌，说买不是买。

除了盲盒产品本身这种兼具商品和赌博的"波粒二象性"之外，很多外界的推手，也是将盲盒推向神坛的重要因素。

第一，盲盒具有独特的限量款产品策略。 隐藏款的概率只有1∶144，限量款更是低到1∶720。这种设计下，抽盲盒能让人有一种未知的惊喜。想到这儿，是不是发现这个策略和娃娃机里抓到娃娃这个概率游戏出奇地一致。或者说，这就是让消费者"上瘾又上头"的来源。

第二，大力借势新媒体营销，同时形成了依托盲盒的相关产业。 比如直播开盒、徽章、娃衣、改娃、二手交易等等。主播是盲盒的第二大推手。在B站，有大量UP主拆盲盒的视频，他们一边讲解一边拆盲盒，就像直播卖口红一样，非常有吸引力，让很多并不是潮玩圈内的人也开始关注盲盒。

第三，黄牛是盲盒的第三大推手。据统计，2018年，闲鱼上有30万盲盒玩家进行交易，每月发布闲置盲盒数量较一年前增长320%。最受追捧的盲盒，价格更是狂涨了39倍。

虽然和娃娃机相比，盲盒把复购率做上去了，也靠着"正规"的手段不断破圈，但当消费者回归理性，消费者的信任迟早有被透支的一天。

如今，退潮已经开始。

比如，各行业、各品牌都在尝试用盲盒做营销；比如玩家开始觉得自己的收藏毫无价值；比如闲鱼上泡泡玛特有价无市；比如卖家比买家多；比如真正的潮人玩家没有了优越感。

奶茶店的真相

前段时间，蛋蛋跟老爸视频电话，电话里老爸对隔壁大爷的女儿不断夸赞，说隔壁大爷的女儿开完超市之后又开了三家连锁奶茶店，年入几十万，老爸气吐一句：真有那么赚钱吗？于是老爸去买了一杯，回来之后纳闷地问我：这大杯和中杯差不了多少，价格差了快一倍？这玩意儿真这么赚钱吗？

这里面其实有一个操作就是大杯"抛锚"，对比中杯价格就会显得更低，消费者有了对比，就有了选择。

再加上奶茶店运营操作简单，产品成本低、利润高，店铺小而精、小而专，高诱惑之下，谁都想跃跃欲试，越来越多的人"低调入场"。接下来我们一起看看奶茶店的背后都有哪些真相……

深度拆解网红奶茶店赚钱机会

先来说说第一批从台湾来大陆做奶茶的头部网红品牌。这一品牌1994年在中国台湾创立，全台湾有600多家店，2010年的时候进军大陆，率先在上海开店，截至2020年，它在全国就已经有2000多家店，大多都门庭若市，排队长的情况更是屡见不鲜。

它为什么会赢得大家的青睐呢？

蛋解创业团队实访了3家面积15~20平方米、店员6人左右的门店，终于发现了答案，它之所以吸引人，大概有以下几点原因：

第一，装修风格统一。具有标识化，绿色调的外观设计，简约健康。

第二，分区协作。前厅、后厨区域协作，各工作区点对点分区管理。

第三，菜单明确。定价13~18元，属于大众消费口味，有自定义菜单，能添加珍珠、波霸、椰果等配料。

这种自定义菜单的个性服务，难免让人想到大家自主测评自主搭配一点点"隐藏菜单"的热潮，新品系列紧随其后，让每一位消费者都是门店的口碑营销！

第四，流程统一。所有员工统一着装，整个制作过程清晰可见，干净卫生，微笑服务，态度温柔。

第五，选址。这一品牌选址与一些奶茶店依赖的"商场店霸主"的模式不同，主要集中在地铁沿线、商圈附近，很少进入商场，个别商场店都是加盟商开的店。

第六，人为制造"排队风尚"。

"硬件设施倒逼顾客排队"：其门店的吧台设计为L形排列，操作区域大，制作工具分散，所以经常看到店员走来走去，制作时间需要1~3分钟，导致效率降低，顾客不得不排队。

"个性化需求"：开设特色"自定义菜单"，每位顾客消费需求不一样，只能由一人全程制作，跟一般奶茶店相比，某点点的制作时间更久。

"品牌造势"：顾客多的时候，店员通知取货率较高，人少时，店员通知取货频率较低，不用说，你懂的。

"从众心理"：跟风消费看着人多自己也想去看看，让人感觉某点点始终门庭若市。

深度拆解网红奶茶店的盈利机制及问题

我们还考察了以"灵感之茶"出圈的另一大网红奶茶品牌。以其北京朝阳区建外SOHO门店为例，线下每天卖1000杯，按均价15元/杯算，一个月卖45万，均摊到每天是1.5万左右，惊不惊讶？这还没完，据了解，线下只占门店总销售额的三分之一，剩下的都是外卖，所以，这家店的月总销售额是135万，咱就是说：还有谁？当然了，这是没算成本在内的，我们再来好好看看成本。

这家门店20平方米，月租金3万，12个员工，每人每月的工资是5000元，算下来房租和人员成本是每月9万，再扣除茶饮行业5%的损耗和平摊加盟费等其他成本，总的来说，该品牌的净利润高于行业15%的净利润水平。

官网数据显示,这一品牌内地有181家,主要分布在北上广深,中国香港地区2家,新加坡2家,全自营,无加盟。据品牌创始人透露,其门店日均出杯量近2000杯,单店单月营业额平均在100万元以上,差一点的也能达到50万元。

内部资深人士告诉蛋蛋:北京一般的店面月营收能做到150万~200万元。而这一品牌在朝阳大悦城店月营收约300万,其毛利大概是50%,在行业平均值控制得好的情况下,其净利润在15%左右,也就是说,这一品牌的单店净利润能做到22.5万~45万元。从实际探访来看,简单估算一下,按全天饱和出餐,营业时间早10点到晚10点,每分钟4杯,单杯30元计算,门店一天的营收约为8.6万元,一个月约260万元。

有风口就有问题,经营5年后,这一品牌也难免遇到问题。

第一,其因芝士奶盖走红,但产品口味却无法成为其优势、培养出顾客忠诚度,在茶饮品牌中,口味并未给品牌建成"护城河"。

第二,消费者的刺激阈值越来越高,靠营销和出餐流程带来的排队只能说是暂时的,爆款做多了,没有"根基"不免会让消费者疲乏。

第三,营销带动与门店少的特性,短时间内带来火爆热销的现象,随着门店数量的增加,单店客流量必然会下降,加之本身门店面积较大,拉低了坪效,甚至有可能出现亏损。

第四,众所周知,这一品牌目前是没有外卖的,而它在跑腿上的价格没有相对优势。

普通创业者入场都需要避哪些坑？

第一，品牌知名度。 做好价值投资，品牌知名度意味着获客率，但是也意味着高加盟费。

第二，产品好的三个层次。 产品是否好喝？产品是否好看？产品价格是否好？这里就关系到能不能给品牌形成竞争壁垒。

第三，选址是否合理。 深挖加盟品牌的定位、受众群体的消费能力、消费习惯等。有的品牌，加盟的时候会有专门的选址团队，但是同样地，选址来回的车马费、选址团队的住宿费等开销也要计算在普通创业者的成本之中，这就意味着普通创业者需要投入的成本更高了。

第四，体系是否完整。 这里的体系，包括供应链体系、品牌营销体系、产品研发体系、运营督导体系等。

火锅店不要碰

前段时间,蛋蛋后台收到一条私信,这个网友说自己加盟了一个以某明星为代表的串串香火锅店,因为一直处于疫情时期,就暂时和总部商量先交一部分定金,等疫情缓一缓再开,就把这件事儿给搁置了。这两天,这个网友突然从某短视频平台上发现,这家加盟公司人去楼空了,仅剩两名非管事人员驻守,周围都是过去讨债的人,这究竟是怎么回事儿呢?**为什么火锅加盟的生意这么火?**

第一,不需特别"蛮横"的技术:新手也好操作。

第二,火锅正处于从传统大火锅向市集火锅、套餐火锅迭代的夹缝期,有足够的市场占有率。

第三,根深蒂固的"民以食为天"的传统思维也是"火锅热"作祟的一个原因。

第四,现在很多加盟总部都会给一站式配备齐全,无须担心料体、味道等琐碎问题。

第五,"食材折损"都在可控范围之内,不用特别担心流动成本。

第六,回本周期较短,利润空间较大。

盘点"火锅巨头代表"

先以休闲小火锅连锁品牌代表为例,它主打性价比,客单价约50元,门店众多。但在很长一段时间里,一家门店一天也卖不出3个锅,几个月下来还没卖出60锅。直到"非典"时期,其以"分餐制"取胜,创下了日客流量2000位的就餐纪录,日翻台率高达11次。

时至今日,关于这一品牌的火爆,蛋蛋归结于以下四点原因:

第一,所有门店均为直营,且管理层和核心员工都来自麦当劳团队,运营管理、产品研发经验相当丰富。

第二,成熟的原材料供应链和密集开店策略,拥有极大的价格优势。

第三,设置全国总仓 - 区域分仓 - 运转中心,形成高标准化和规范化的三级配送体系,保证品质。

第四,"吧台 + 卡座"的就餐场景,让它的一人食火锅拥有2.8次的翻台率。

让很多人感到纳闷的是,2016年这一品牌进军中高端"战场",想以"火锅 + 茶饮"的新形式出圈,结果却并不如意,这不由得让人脑袋里打了个问号。实际上,"火锅 + 茶饮"的新形式更适合台式麻辣火锅的打法，不过消费者还没有对台式火锅形成一定的市场认知。这里想要入局的伙伴也要注意。

接下来出场的就是以服务出圈的某热销火锅品牌。

第一，从菜品口味到品质的整条供应链上，这一品牌几乎做到了极致。头部企业自建原料基地，生产肉类以及蔬菜。

第二，自建调味品基地；品牌涉足了整个火锅产业链的上游，包括食材供应、底料供应、人力资源、装修等，每一个环节都形成了公司独立运作，同时对外开放。

第三，"保证原材料成本最优"搭建成了品牌核心竞争力的第一维度，某底捞不只是一家连锁火锅店，而且是扎根于整个火锅产业链的集团。

成本线是基本位

再来算算这一热销火锅品牌的成本，根据蛋解创业了解，一般情况下，在一线城市，一家独立运营的1000平方米的火锅店，月收入能做上200万元就已经非常不错了。根据公开数据显示，该品牌一家新店的成本在800万~1000万元，新店1~3个月内实现盈亏平衡，6~13个月可以收回前期的支出成本，进入到稳定的盈利情况。

另一个不可忽略的维度就是人工成本。为了建立储备人才，实现人才输送，这一品牌"只做直营"，坚持工资计件发放，建立"抱团小组"相互取暖，打造师徒制人才激励闭环。品牌的核心竞争力背后，是高成本的人才建设投入。

凭借较高的影响力和品牌力，这一品牌拥有相当高的物业议价权，低租金成本为品牌造就了又一缩减成本的空间，这种"低租金，高品牌"的模式，不由得让人慨叹：有钱真好。当然，这一品牌的成功也得益于1994年的市场增量时代，它可是站在了时代的风口上。

开火锅店之前，这些"坑"要避免

火锅行业的市场环境竞争非常激烈，目前正处于"谨慎进入"的阶段。再加上餐饮行业是一个非常辛苦的行业，几乎24小时连轴转，入场之前要做好心理准备。所以，想要加盟火锅店的，一定要听后台姐们儿的话。

在这里，蛋蛋要分享下后台姐们儿在签加盟的时候没有注意的几个问题，也是比较坑的几个问题造成了这个姐们儿相当大的亏损。

第一，加盟商会有几个门面等级让你去选，刚入局的朋友一定要选择从小店开始，尽可能不从标准店起步。

第二，加盟费不是"终身制"，有的加盟企业还会要运营费、管理费，这里一定要问好是不是"全部打包"。

第三，加盟公司可能会制造假象，派来群众演员，实际公司门脸小，墙壁上挂着一些资质证书，这一点要做好甄别。

第四，加盟过程中不要急着签合同，尤其是某明星的店面，要看好是否有明星授权合同，有的加盟总部就是通过明星的宣传ID进行剪辑，来哄骗客户，等你真正找到某明星（当然你也找不到），人家都不会承认。

　　第五，在实地探访店面的过程中，不要被门店热销场景蒙骗了，要做足考察时间。

宠物经济

这一节，我想和大家一起聊一聊宠物行业。

提起开宠物店，不少人的印象肯定是，这是个暴利的蓝海赛道。现在单身、独居、无子的都市白领，是真的愿意在小猫小狗身上花钱，他们宁可自己省吃俭用，也会让自己的"宝宝"过上比人还要金贵的日子。

只要你把猫猫狗狗当人看，你就能理解宠物市场的需求有多丰富。狗和人一样，也有生老病死，这也就催生了宠物的婚丧嫁娶、衣食住行等细分行业；此外，狗在人类社会里生活，自然也成了阶级定序的一个象征。

那么，宠物经济真的是一片蓝海吗？这是一个典型的处在爆发前夜的行业，那现在来看，开一家宠物店一定暴利吗？

宠物行业到底是不是蓝海？

我先说一个观点，宠物这个行当看上去是近几年才被炒上去的，但是它在我们国家其实已经酝酿了几十年了。早在20世纪90年代，宠物经济就已经起步了，只不过那时候大家手里没什么钱，一个个都忙着打拼事业，因为手里收入不够，养猫养狗就成了典型的可选消费，即使养了也很少给宠物花钱。

这个局面在2019年以后就被打破了，第一件事是，我国人均国民总收入（GNI）首次突破1万美元大关。回看很多发达国家宠物行业的历史，他们也是在进入中等收入水平之后，陆续迎来了宠物经济的爆发期。

另外一点就是，年轻人，尤其是一二线城市的年轻人，愿意生孩子的越来越少，但对精神陪伴的需求可是没少，这个时候宠物就成了最佳的选择。我看过一组数据，18~35岁的人群占养宠群体的比例高达70%。

宠物行业无疑是过去十年增速最快的行业之一。过去十年，宠物行业的平均年复合增长率达到了30%。听到这些数据，你肯定觉得宠物这个行业是个处在上升期的优质赛道。

但是，我想告诉你事实：越是高速增长的行业，入局者越不是踩着红利的电梯扶摇直上，而是日日夜夜都处在"近身肉搏"的状态。

为什么这么说呢？

我们先看这样一组对比数据。美国的宠物市场已经非常成熟了，可是早在2018年，我国的宠物行业就比美国还要饱和了。

2016年，美国有1.84亿只宠物，但宠物店的数量有1.3万家，平均每家店服务1.4万只宠物。

而在2018年，我国城镇犬猫的数量为9149万只，只有美国的一半，但中国宠物店和宠物医院数量却超过3.3万家，分布不均匀，多数处在一二线城市，宠物店数量比美国两倍还多。

可以看到，宠物店已经是一个早已"卷烂"的买卖了，如果再考虑到我们国家发达的电商系统，可想而知，这个赛道早已不是我们认为的"一片蓝海"了。

宠物行业如何入局？

为了研究宠物行业，我自己看了半个月的研报，我和团队也访谈了十几位做宠物行业十几年的"老炮"。概括来说，现在宠物店的创业生态，简直就是"大乱炖""大混战"，并没有什么放之四海而皆准的盈利通法，真的是"千店千面，千人千面"。

如果把宠物店和小超市类比，你就会发现，宠物店的业态极其复杂，除了零售宠物食品用品以外，还有洗护美容、活体售卖（卖宠物）和寄养，总共四类业务。现在行业还处在"混乱竞争"的阶段，每家店可能多多少少都会涉及这四种业务，没有明显的业务边界。

而这些宠物店，既有几个人合伙的夫妻店、小卖部的模式，也有连锁加盟的形式。

调研完了这些线下宠物店之后，我们发现其实这些线下的社区宠物店，盈利状况真的没有好多少：就拿夫妻店来说，他们大多处在"微盈利"的状态,除去人工成本,每个月也就净赚一万多,根本就不存在所谓的"暴利"一说!

而且社区宠物店和很多线下零售店一样,都会遭遇流量瓶颈,一般来说一家社区店只能覆盖周围大概3千米的范围,要是有新店扎堆,客流很快就会被稀释走。

既然纯靠自己干的夫妻店很难挣到钱,那你可能会好奇,如果加盟一个连锁宠物品牌,赚钱是不是就会更容易了呢?

我们加盟别人的品牌,到底图的是什么?

第一是借势别人的品牌。加盟有口碑的大牌,店面的设计和装潢帮你省了,找产品和便宜的货源这些工作更不用自己操心。

第二是照抄别人的标准化服务。对很多白手起家的小白来说,有一套现成的服务标准流程以及完善的培训和督导,真能帮你快速上手,加速捞钱。

然而可惜的是,现阶段宠物的加盟品牌,这两点都不能给你!

给你说几个行业的内幕:我们调研过全国最大的宠物加盟品牌,但是发现好像并没有什么统一风格的装潢,每家的产品品类差异同样很大。

另外,在进货方面,加盟店不仅可以从总部进货,还可以从外部进货,谁便宜你们找谁,加盟店自己负责。

其实,宠物店给大家提供的产品,本质上就两个,第一是卖宠物用品,比如说日化用品和食品。但是宠物零售市场现在已经太固化了，连锁品牌基本上很难打折扣，更不要指望跟着它们能有多大的价格优势。

另一个是美容洗护服务，其实这些店面赚的都是手工费，加盟品牌说实话到最后很难帮助人家提高品质和利润率，也很难赚到什么服务提点。

这样看来，作为加盟方，你既不能给别人更便宜的货，也不能给别人统一的品牌设计和服务流程，那还不如自己"闭门造车"呢，为何要出几万块的加盟费呢？

所以目前这个阶段，宠物店的"伪加盟"，目测还会维持很长一段时间。

临期食品折扣店

最近,我关注到一种全新的零售新物种,叫作临期食品折扣店。

这几年,零售行业的新玩法很多,我的很多粉丝经常会被一些所谓的新式噱头搞得云里雾里,一不小心就会掉到坑里。但是在我看来,零售就是零售,万变不离其宗,不管概念怎么新,但还是脱离不了基本的商业原理。所以这一节,我就借临期食品这个新买卖,教你判断各种零售新物种,到底是属于你的商机,还是韭菜们的"心机"。

什么是临期食品?

临期食品,就是那些临近保质期,却还没有过期的食品。说白了,它就是合法地钻了一个空子。一方面,商品还没到期,所以它在市场上销售是完全合法的,但是这类商品流通的效率往往因为人们不愿意买而大大降低。据了解，每年全国因为流通效率低下而造成的食品损耗多达上千亿元。也就是说临期食品要是能被盘活，这上千亿元的损耗，就能成为这个买卖的市场空间。

如果大家仔细去观察就会发现，现在已经有很多的城市，出现了一种酷似小卖铺的临期食品折扣店。这类小店，面积都在一二百平方米。你走进店里，一般会看到上百种即将临期的食品和饮料。

这些东西到底有多便宜呢？举个例子，一袋乐事的薯片只需要3.5元，2盒36条装的奥利奥巧克力棒仅需19.9元，6盒皇冠丹麦曲奇饼干仅需19.8元。这些商品在价格上基本是正价的5折以下，有的甚至能低到1折。

所以呢，你可以简单粗暴地把这些临期食品折扣店，想成零售领域的"唯品会"。

不要忘了，我们在分析商业模式好坏之前，先要看它赚的究竟是谁的钱。你可能会问，买这些临期食品的，是不是都是那些老头老太太呀？

那你还真是猜错了，大部分消费临期食品的用户，和你的认知恰恰相反。

临期食品的主要拥趸，是那些80后或者90后的年轻人，既有职场社畜，也有宝爸宝妈。老年人反而很少光顾。因为大部分的老年人对临期食品会有偏见，甚至没见过临期食品门店，也没听说过临期食品。毕竟很多的临期食品折扣店的选址都在那些年轻人聚集的社区附近，或者是一些写字楼聚集的区域。

那么一个新的问题又来了，临期折扣店的所有东西都卖得这么便宜，那它真的有利可图吗？

答案是，还真有。而且利润还不低。

据说，这个行业的平均毛利率能达到70%，刨去损耗、场地、人工、运输的成本之后，净利润仍然可以保持在40%左右，这样的利润率，要是让那些干便利店的朋友知道了，估计他们当场就吐出一口老血。

但要是你店里只卖那些临期食品，那也是不行的。临期食品的利润率虽然很高，但是客单价却很低，所以用临期食品引流，搭配着卖一些非临期的折扣商品，比如什么洗衣液啊，洗发水这种日化，那才是一个最好的选择。

所以你看，干临期食品是赚钱，而这个钱的本质，是你有没有能力找到一手货源。毕竟如果你的货源不是一手货源，买卖的风险就骤然提高了。如果你要靠这个为生，到底去哪儿才能找到一手货源呢？是淘宝，阿里巴巴，还是直接蹲点大型超市捡漏？

其实都不是，上面说的那些地方确实能让你淘到一些临期食品，但绝对不是一手货源，而且呢，货还特别杂。你可能这个月卖得好的货下个月就拿不到了，而且中间商是一定会赚差价的，那到底谁才能拿到一手货源呢？

真正的一手货源，其实是品牌方的代理商和经销商。比如，零食饮料行业，每个品牌都会有自己的经销商体系的，大的经销商，会自掏腰包从品牌方那边囤货，再把货铺到商场超市或者线上渠道。可是终端渠道，往往是把货卖了才会给代理商结账。因此，代理商就是两头压钱。你别看那些大代理每年做着几千万的大买卖，可能连十几万都拿不出来，因为钱都在生意里周转。

大家是不是体会到了当代理商的艰辛了？你别光看人家受夹板气，两边当孙子。在临期食品这条产业链上，那些代理商可是妥妥的王者，毕竟呢，货压在人家手里，给谁不给谁全看大哥一句话。那为啥品牌不能直接把这临期尾货给卖了呢？这岂不是连代理商都绕过去了？

可别忘了，如果品牌明目张胆地这么玩儿，今后谁还买他家的新货呀？所以摆在大家面前的新问题，就是如何才能搞定这些大代理和大经销商。其实你就只能拼实力和拼资金了。

说到这儿你应该也明白了，你一个小白是很难拿到一手货源的。那加盟一个品牌拿二手货源行不行呢？我觉着吧，说行也行，说不行呢也不行。这看你打算怎么干，如果你本身就干着一个什么快递驿站或者小卖部之类的生意，那增加个业务，没准还能靠着卖临期食品吸引更多客流，为你的主业增加点儿额外收入。可是你要是打算只干这么一个买卖，拿的还是二手货三手货，那我还是劝你尽早收手。

6.

短视频方法论

未来十年，我们线上商业流量还是会以短视频为主。不同于以往互联网平台在短暂的稳定期之后就快速过气，短视频平台会迎来一波超长成熟期。

为什么创始人要入局短视频

我曾经注意到艾瑞咨询发布的一组调查数据，2020年，调查访问过近千个有广告投放需求的品牌。在这些广告金主当中，将近六成的受访者表示，接下来的一年，他们会提高广告投放的预算。

第一眼看上去，你是不是觉得，大家增加广告投放，是因为投广告的效果好，能给品牌带来业绩的提高。然而事实并非如此。根据受访者的描述，他们在2020年，收入真心没有什么亮眼的增速，且扣掉成本，发现利润更少了。

为什么企业不赚钱，但大家还要增加投放预算，给平台主动送钱呢？

答案只有一个，"买路钱"变贵了，不管是线下还是线上，这种所谓的获客成本，都贵到让任何一个品牌方都很难有好日子过。

线下的成本有多高呢？据我所知，像完美日记这样的新锐国货品牌，目前进入商圈的租金费用，普遍要比其他化妆品大牌高20%~30%。比如，它位于北京领展购物广场·中关村的门店，月租金就高达50万元。尤其在疫情过后，线下门店本就门可罗雀，反复开关，业绩堪忧。

2019年某美妆品牌还雄心勃勃要在全国用三年的时间开300家店，两年过去了，进度一半都没有达成。

再来看线上。我们都知道，某美妆品牌在线上营销方面，一直走在国内品牌的前端。有流量的地方，就有某美妆品牌的步伐。它曾经布局过众多KOL，探索在线上平台抖音、小红书、淘宝直播带货的打法。在2020年，它的销售额就达到了61亿元，比上一年增加了71.2%。

这个体量规模，能维持如此之高的增速，已然是新国货的一个现象级标杆。不过咱们不要乐观得太早，2020年，挣了那么多钱的某美妆品牌的母公司，净亏损却达到了26亿元，2021年，也还血亏15亿元。

为什么赚那么多，却能亏更多，答案就在它以线上成本为主的营销费用。

像某美妆品牌这样近些年增长最快的一批"优等生"，获客费用都能如此之高，更不要提我们这些没名没姓、平台压根儿就看不上的小企业、小老板了！流量和获客的焦虑，从线下蔓延到线上，从品牌蔓延到各类服务商。

获客成本，是一切商业起盘的本质

一切生意的本质，都是找获客成本尽可能低、ROI接近行业天花板的模式。

所有的生意，甭管线上还是线下，能拿到低价甚至免费的流量，是你打开创业局面的第一步。

比如说，你在朝阳大悦城边上开一家奶茶店，本质就是在"偷流量"。朝阳大悦城，是北京人流量数一数二的大商圈，在它旁边开店，看上去租金很贵，但你把人家商场的人流抢走，平均到单个人头上其实并不贵。

我们想在线上卖东西也是一个道理。为什么早期做直播带货的那群电商人，现在已经退休在家，世界各地环球旅游了，就是因为在平台扶植直播、给免费推流的早期，吃透了平台让渡出来的流量折扣。

做生意，一定要对"现在哪里的流量最便宜"有条件反射般的敏感度。

未来十年，短视频仍然最便宜

作为创业者，我们其实要想快速起盘，很重要的一个功课，就是站在当下的创业初始阶段，看未来五到十年，从什么地方拿流量，成本是最便宜的，这就是我常说的流量的"低洼地带"。

一般来说，如果你是一个做内容的创业者，或者你主要借助这些平台，为你自己的产品搞流量，那么，懂得如何识别流量低地,并较早布局,你就能伴随着平台的发展,持续享受贯穿平台生命周期的、十分低廉的获客成本。

那么我们该如何精准地识别流量的"低洼地带"呢?

从2013年做创业节目开始,我和很多创业者就一直在琢磨,做什么平台的生意,是最有潜力的。经过了不下5轮的平台红利,我们发现这样的规律。

第一,大部分创业者看平台,都是"兔眼视角"。

所谓兔眼视角,就是人们会把当下能看到最火的互联网平台,当作是创业的最佳风口。就像小兔子,它只要看到眼前有草,就会蹦上前去啃两口。比如五年前,你看到一些公众号文章动不动就10万+,文末挂个链接卖个小挂件都能动不动几百万收入,你会想着要不要和朋友弄个公众号抢一波红利。

然而,让你在公众号刚起步,还没有几个人看的时候就提前布局,你扪心自问你愿意那么早下场吗?

而真正优秀的创业者,都是用"鹰眼"考虑问题,他们会站在周期的角度,去把握入局平台的节奏。

我们识别的第一步,就是要坚信一点:任何平台的生老病死、成住坏空,都符合流量的周期律。任何一个平台都要经历流量的发育期、破圈期、成熟变现期,这个过程流量必然会从便宜走向昂贵。能提早入局,我就能享受到流量折扣的红利。

那么,如何判断平台的周期律呢?

第二,要关注平台的"生产力"和"生产关系"。

从2012年的微博,到2016年的微信公众号,再到2019年以后的抖音、快手,以及疫情之后的直播带货,历数近年来互联网的平台或风口，你有没有思考过这些问题：

为什么一个平台从冷启动时期不到几百万的用户，几年时间就能成长为一款国民级的超级应用？以微博为例，为什么它在2014年触顶之后，即便推出类似公众号的长文，类似抖音的"秒拍"，还是不能拯救自己的颓势呢？

其实这是由平台的内容生产力决定的，如果平台的内容，不能代表内容形态的方向，它就注定会走向衰退。内容形态是否先进，看的就是用户是否更容易接受，信息密度是否更高，用户在接收端的阻碍是否越来越小。

所以你可以看到，从微博的图文，再到公众号的长图文，最后到微博的短视频，信息的传播效率越来越先进。

所以，要押注平台，首先要看这个平台的内容形态，是否让人体验过之后，就不想要回到从前。

不仅是"生产力"，短视频的出现，也改变了商家和用户消费的"生产关系"。

短视频出现以前，我们不管是获取资讯还是购买商品，"搜索"的方式占据主导，我们要买东西，会去淘宝、唯品会找关键词。这也叫作"人找信息"。短视频出现以后，变成了"推荐"为主，看到小红书里KOL种草，或者主播吆五喝六抢单，我们不知不觉就会下单。

从这个角度看，老板们不仅要关注流量是否便宜，还要关注你成单逻辑的根本性的变化。

拥抱短视频,是创业者唯一的捷径

我们如果用"鹰眼"视角,眼观未来五到十年,短视频作为当前"生产力"最强,"生产关系"最高效的形态,还将在很长时间内占据互联网主流地位。

在考虑要不要做短视频之前,你是不是会听到这样的观点:抖音快手现在已经卷到不行了,很多商家的投放成本都已经高到离谱,是不是短视频再也赚不到什么钱了?

按照你所谓的"流量周期律",抖音的日活跃用户已经7亿了,是不是马上就要拐头向下,变成下一个十年的"微博"了?那么,短视频到底还有商业价值吗?

其实,任何一个行业都有"阶段性红利"。2018年,如果你开始做抖音,那个时候平台缺优质内容创作者,你不管拍什么都有很大的流量,这就叫作"阶段性红利"。阶段性红利最大的特点,就是普通人也能享受到流量的机会。

但是,如今的短视频,本质上就是当年的"淘宝",阶段性红利消失了是不争的事实,但是那只意味着普通人创业的机会更难了,但对自己有产品有服务的老板来说,短视频就像当年的电商一样,是一个帮你把生意做得更好的工具。

老板自己成为 IP，有什么好处

上一节我们谈到，用"鹰眼"看，未来十年短视频是兵家必争之地，老板要尽早抛弃幻想停止观望，尽早入局短视频。

那么，对各位创业老板来说，入场短视频最科学的姿势是什么呢？

有的老板，他们手里有可以直接卖的产品或服务，短视频对他们而言就是一个流量的入口，只要捞鱼的速度快，羊毛的成本足够低，薅到之后快速转化，他们就算抢到了短视频的红利；有的老板，会把内容创作本身，当作自己的生意，比如，做短视频的拍摄剪辑、流量服务，甚至教别人如何快速制作短视频，这也是入局的思维之一。

下面我想分享三个不同行业创业者做短视频的案例。你会发现，对老板来说，短视频不只是你的广告投放渠道，如果你能在抖音打响自己的账号，你能收获超过你当下预期的价值。

老板玩转短视频，永远离不开 IP

第一个案例，母婴品牌 App 的创始人。

我要说的这位创始人，可以说是移动互联网时代，母婴行业创业的明星。她毕业于北大，后来在淘宝等一些电商品牌里卖母婴产品，还拿到了很多大的基金的天使投资。这位"女中豪杰"用了 4 年的时间，做了自己的电商 App 和自有母婴品牌，当时每个月的活跃用户一度达到 100 多万，她也顺利做上了母婴类目电商的老大。

不过"兵无常势，水无常形"，虽然看上去她不缺流量，但流量焦虑依然少不了。她在 2019 年，就逐步缩减外购的流量，反而以创始人真人出镜拍摄的方式，成功入局短视频，并成为头部的母婴大号。

她的起号速度是让很多人羡慕的。但是据我的观察，她在抖音上的成功，和过去她在母婴这个类目取得了什么样的成绩并没有很大关系，而是她快速掌握了老板做好抖音的那把"黄金钥匙"。

首先，她并没有把自己当作一个卖货主播，一股脑儿推销自己公司的产品，而是以一个北大毕业的高知宝妈的身份，向粉丝分享她自己的育儿理念。比如，她会分享"孩子沉迷网络小说，北大妈妈是这样做的""孩子成绩平平，北大妈妈是怎么鼓励孩子的？"

所以，很多人关注她，一开始并不是想买育儿产品，而是想从她这里了解育儿知识。

除此之外,她的另外一个身份,是一个能兼顾职场和家庭的女性创业者,她会抓拍很多自己公司的日常,让大家了解他们是如何服务客户、做好售后的。这样下来,很多本身对她的品牌不是很了解的粉丝,也慢慢对她的产品建立了信任。

从她这个故事中,你会发现,在短视频时代,想要构建你和产品之间的联系,已经不再是找个超级博主给你带货那么简单了。你要让客户关注你,首先必须考虑别人的所思所想,提供能够帮助到别人的认知;你要让别人认可你的产品,就需要借助视频的载体,让别人从生产到售后,都感知到你们的诚实和用心。

第二个案例,是关于地产中介老板转型房产意见领袖的故事。

2021年,抖音出现了一位现象级的"地产中介"。不过要是你觉得她只是个在微信里给你发消息推荐房源的"中介",那你可就大错特错了。

这位案主,可是北京房地产销售方面的牛人,在离开房地产公司之前,她已经做到了500强房企的营销总监位置。以她的职位,向上走很难有继续突破的可能了。于是,她选择在2021年正式入局抖音短视频。

她做了什么事呢?她以房地产业内人士的身份,向普通民众科普一些买房选址的避坑话题。

半年时间,她的抖音账号迅速涨粉60万,妥妥地成为抖音的"房产一姐"。

在过去,房地产中介是一个不太受人尊重的"乙方",有钱买房的,在各路中介前面,哪一个不是趾高气扬的?可是当你成为一个房产 IP，你和客户的地位就发生了戏剧性的逆转。

这就是创始人打造个人 IP 的第二个好处，能让服务别人的乙方，摇身一变，成为有话语权的甲方。

从另一个角度思考，作为一个房产中介，你顶破天，每天只能服务几个客户，给他们提供同样的购房建议；但成了 IP，你能服务的客户，就从过去公司指派给你的客户，变成了面向互联网的所有用户，成单的效率也会大大提高。

第三个案例，当你成为小有名气的"业内网红"。

我们曾经孵化过一个咖啡店老板的账号，叫作"巴比特咖啡"。在做短视频前，他的身份其实就是一个在淘宝上卖精品咖啡的店家。当时我们给他做这个账号的初衷，单纯只是想要帮他的淘宝店引流获客。

但是万万没想到，做了一段时间的账号，这个老板就摇身一变，成了咖啡行业的"公知"。还有无数的咖啡专业领域的粉丝，会找他交流甚至付费学习。

在过去你要成为一个行业的专家，大概率需要十年以上的时间，才能慢慢打造影响力，但你只要内容做得足够优质，很容易在很短的时间内在你的行业内成为一个小有名气的网红。

老板做账号，到底要做什么内容

2020年的数据显示，90后每天有7.5个小时要上网，而短视频App对其的渗透率接近50%。我们在做内容之前，不妨先用"第一性原理"思考这个问题，我们普通人，为什么愿意在抖音上花时间？

这看上去似乎是一个废话，因为抖音上的内容有意思呗。但是你深究，会发现问题并没有那么简单。比如，同样是消磨时间，为什么用户要选择刷抖音快手，而不是"爱优腾"这样的长视频平台？同样是一则漫画，为什么我们不愿意在公众号上看长图，更喜欢在抖音上看呢？

超我内容和本我内容

其实，这些问题都跟短视频的"内容属性"有极大的关系。

人们之所以愿意"沉迷"短视频，是因为它的两类内容，给

用户创造了巨大的价值:

第一是"杀时间",第二是"省时间"。

所谓"杀时间",就是kill time,人在无事可做的时候就会无聊。有人是主动无聊,比如周末没有工作,晚上吃完饭,总得给自己找点乐子。有的是被动无聊,比如上下班等地铁,出差等飞机。

过去人们蹲坑实在无聊,手里提着一本故事会,10分钟过去了,一个小故事也就看完了。

短视频,就是5G时代的故事会,最突出的特点,就是"短小精悍",时长不要超过一分钟,给粉丝喂足够量的多巴胺即可。

那什么是"省时间"的内容呢?我们说,很多"杀时间"的内容,视觉冲击很强,打个比方,很多人就是靠欣赏异性的颜值消磨时间的,爱美之心人皆有之。

但人除了"本我",还有"超我",我们除了天生追求猎奇和刺激的本能之外,还有自我学习、成长提高的需求,这一部分就是"超我"。

而短视频能否帮人提升自我,拓展人生的可能性?当然是可以的。

这就是"省时间"的内容。给你打个比方,比如过去你想学怎么冲泡咖啡,鉴赏不同种类咖啡之间的味道有何区别,你必须去线下花钱找一个很懂咖啡的专家。但是有了抖音就不一样了,内容博主只需要把复杂系统的培训知识,拆解成若干个能勾起大家好奇心的小问题,你看完之后依旧能学到不少东西。

比如,我们之前曾经孵化过一个精品咖啡师的账号。他给用户分享的话题包括：手冲咖啡怎么泡最好喝？如何在喝咖啡的时候表现得自己像个内行？去星巴克怎么能薅到最多的羊毛？这些解答给用户省了不少付费报班的时间和金钱。

老板不是网红

过去我会建议身边很多表现力还不错的老板做账号，他们的下意识反应都是：还是外面找一个人吧，还是低调一点好，我可不想做"网红"。

老板做账号，只有成为网红才能"火"吗？

我们承认，短视频的流量，主要还是集中在那些给人消磨时间的"娱乐化"账号身上。但是，这类内容并不适合老板去轻易尝试。

首先，这类账号变现是个很大的问题。不管博主是不是老板，泛娱乐的内容吸引到的粉丝通常都是泛粉，非常不精准。比如，如果一个律师账号，你让他拍律政短剧，看上去能吸不少粉，但是他的粉丝里有多少人是要打官司的呢？你顶多接一点广告，赚钱的手段很是局限。

如果按照这个路数打造老板的IP，对你的主营业务几乎没什么帮助。

其次，短视频不能"硬拼短板"。试想一下，假设最近舞蹈类挑战榜很多，你让一个不擅长舞蹈的老板去追模仿视频的热点，又有几个人会看呢？为什么粉丝不看一个舞蹈特长生，要去给一个动作完全不协调的油腻大叔点赞呢？

对于老板来说，找准你的垂直用户，做帮他们"省时间"的优质内容，是快速起号最直接的手段。

首先，老板在擅长的领域，有大量的内容底料，更能快速找到手感。

很多老板担心，自己专业的领域十分小众，太过冷门，会不会没多少人看？耗费大量人力物力，最后收效甚微呢？

如果你站在"超我"的角度思考，你会发现，不管是什么领域的人，都一定有不断拓展知识边界和自己能力的需要。我经常说到一个词，叫"非0即1"。即便你讲的领域是数控机床这个99.99999%的中国人都不会感兴趣的领域，但只要受众是机床从业者，他对你账号关注的概率几乎接近100%。

而从达人本身的角度，你会发现，在输出自己擅长领域知识的时候，你的状态会更加轻松、自信、自然。加上你本身就是行业的专家，过去十几年积累了不少素材和干货，备货是足够的，根本不用绞尽脑汁琢磨每天该拍什么内容。

以上的两个方面，都能快速地帮你在做账号的过程中建立正反馈。

其次，高溢价的精准粉，远远好过低质量的泛粉。

还记得我们之前讲过的两个案例，地产酵母吸引的粉丝，有一个特点，都是一群马上要买房，或者未来有潜在买房打算的粉丝。

做垂直领域的专家，最大的好处就是用户要解决的问题很明确。如果你前端能帮用户"省时间"，降低大家的学习成本，建立好信任的基础，你的粉丝会很放心地把后端的服务交给你。

给你举个例子,我们有一个短视频课的学员,自己做了个账号叫"新风二姐",讲的是新风系统的相关知识,大概有8万多粉丝。如果用"粉丝量"评价这个账号,那她一定会被打入冷宫,因为正常人谁会关心新风系统的知识呢?

不过,就是这个8万粉丝的账号,每个月光靠抖音这个渠道,就能卖出100多万的新风设备。

所以,老板们千万不要以为粉丝量不高,就赚不到钱。互联网创业,流量固然重要,但是"兵无常势",对于垂直领域来说,你的账号虽然粉丝不多,但个个精准,转化率也会比其他泛粉类账号好得不止一星半点。

如何给账号做定位

上一讲我们说过：老板做账号的目的，不是当网红，而是要让产品销售额翻倍，业绩长红。不过为什么我们的愿景很宏伟，但一到实操环节，老板们就开始抓耳挠腮、每往前走一步都阻碍重重呢？

这是因为很多老板担忧的第一个问题，不是拍什么，而是在纠结自己到底要不要"露脸"！

所以，我们第一步先来讨论，账号到底该如何呈现？到底是露脸好还是不露脸好？

如何确定账号的表现形式？

短视频的人物表现，有真人出镜和无真人出镜两种。

最常见的拍摄形式是真人出镜，比如自编自导的剧情演绎，配上照片和音效的BGM卡点，还有知识博主常用的真人口播出镜,都是其中的典型代表形式。不管是哪一个平台,真人露脸都是最主流的形式。

但是,没有真人,并不见得不能火。

很多自媒体博主,有的会担心自己颜值不高没有路人缘,有的身份特殊,不方便泄露隐私,有的在拍摄前会给自己戴一个头套,比如傻白这个博主,分享的就是个人成长方面的话题,他用的就是一个鸭子头套,反而让用户记住了他。

我们做"XX密探财经"的时候,也准备了一个面具,不过我们不是因为颜值和隐私,而是故意制造"密探"身上的神秘气息。

再比如,一些情感类和鸡汤类账号,会把来自外界的空镜视频素材和煽情音乐拼在一起,一个人在深夜伤感惆怅的时候,听到这些煽情的背景音乐,再看看扎心动情的文案,你很难不关注这样的账号。

不过,我要提醒大家的是,非真人出镜的账号能火,只在特殊的赛道(比如情感号、影视剪辑号等)或者特殊的目的(比如营造神秘感)下才成立。创业者IP的账号,对人的信任要求会更高,如果太过遮遮掩掩,反而会起到相反的效果。

另一方面,从视频数据的反馈和变现效率的角度,真人出镜要明显强于非真人。

给你说个真实的案例。我们做过的一个账号,叫作"店侦探"。我们在策划这个账号的时候,参考了很多市场上的同行,有很大一部分账号都是只拍食物,外加配音,根本见不到真人。当时我要求编剧必须做真人出镜,还建议他和达人一起出镜。后来我们参考了数据，真人带货变现的效率会比那些非真人出镜的同行高出5倍甚至10倍。

如何找到合适的对标账号？

很多老板一开始做账号，没什么方向感，恰巧最近有刷到一些同行，也想打造成类似的风格。所以，有很多老板会问我：你看，我也是做地产的，那我能对标复制地产酵母吗？我们都是地产领域的专家，是不是原封不动地复制她的选题、包装和文案，我也能火呢？

找对标，是很多新手快速上手的一个方法，毕竟有个参照，总比自己闭门造车强。不过千万不能机械复制、全盘照抄别人的成功模式，盲目对标那些所谓"大号"的做号逻辑，很容易被"反噬"。

那么，有没有一种既能用别人来做参照，又能融合自己个人特色的对标方法呢？

接下来，我要给大家分享的，是我们团队摸索很久总结出来、秘不外传的找对标账号的方法。

一般我们策划一个账号时，会做三件事：第一，在同行同类的账号里，找选题的对标；第二，从其他不同赛道的账号里，找呈现形式的对标；第三，分析同行账号的人设，然后避开他们已有的人设！

总结起来就是一句话：**选题同行找对标；形式跨界找对标；人设打死不找对标！**

下面我会展开来讲。

第一，选题找同行对标。

选题其实就是每条视频，博主要聊的话题。我确定要讲的赛道，就去蝉妈妈或者飞瓜网站上找当下自己所在的赛道，粉丝量最多的大号。不过要记住，我们对标他们的，只有他们的爆款话题这一项，别的什么都不要学！

为什么要吃透别人的"爆款"？

你可以这样理解：你的同行存在的价值，就是帮你提前测试不同题材的大数据反馈，他们爆款的话题，其实就是已经验证过的，最能够代表你们用户的痛点、最能调动粉丝情绪价值的话题。

比如，你想做一个美妆赛道的专家号，一方面要知道什么类型的话题用户最容易点赞；另一方面，你还要从文案当中提炼一些可能触发平台推荐的关键词。

这里要补充一点，为什么我要强调是"最新出现"的账号？

对我来说，我会把同行的账号分成两类，第一类叫"白马号"，他们已经累积了足够大的粉丝量了，各种类型的话题他们基本上都实验过，是个庞大的数据库。我会用他们来分析这个赛道爆款话题的规律。

第二类是"黑马号"，这一类账号最近一段时间，涨粉的趋势特别快，他们的爆款逻辑，往往代表了平台最近热推的方向，对我们当前阶段起号的帮助可能会更大。

第二，形式找跨界对标。

很多同行类型的账号，我们发现话题的重合度很高，光是

copy别人的选题甚至拍摄风格,是很难被当下挑剔的用户记住的,这个时候就需要在"选题之外"的方面,给用户一些耳目一新的东西。

这个新东西,最好就是"拍摄形式"的创新。

对新手来说,我们很难创新,最简单的方式就是从其他赛道的形式里,找一些灵感,然后嫁接到你这个行业里。

比如,我看到很多讲短视频运营的博主,之前都是清一色的口播,他们有的找把老板椅显山露水,有的坐在工位照本宣科。刷了一段时间,用户很快就会厌烦。

而"小微"这个账号用的方法就是"跨界"对标。

同样是讲短视频干货,她把知识点融入情侣吵架的剧情里。比如一开场,她会歇斯底里地质问男友:"你根本就不爱我,为什么我说了那么久,你的播放量还是没有办法破500?"用户就很容易被调动起来;在画面设计上,她也借鉴了当时流行的"三分屏"的方式。

还有的达人,怕用户听短视频科普太过无聊,用的是嵌套吃播的拍摄风格,他们会把场景安排在自己的工位上,装作是和同行在聊天讨论短视频的运营,边吃饭边给大家科普干货。

再比如,虽然是聊商业选题,但我们推出的"大明白李淑芬"这个账号,借鉴的是插画师的"漫画感"视频剪辑风格。

所以大家务必要记住,借鉴同行的时候,千万不要搞"像素级"抄袭,"跨界融合"是更聪明的一种学习方式。

第三,人设别找对标。

一个人的性格,是很难演出来的。举个例子,"高盖伦"是一个商业博主，他本人是一个文质彬彬、娓娓道来的人，要让我这样一个五大三粗的人拍出他那样的调性，不仅技术上无法实现，我想我和我的粉丝应该都不会喜欢。

为什么很多大号你根本无法模仿？根子就在"人设"上，人设是性格的外化和强调。别人性格当中的差异，是它专属的"记忆锤"，已经占领了用户的心智。你不仅很难学会，而且即便学会了，你肯定也不愿成为"第二个×××"。

所以，人设千万不能找对标！

比如，暴躁财经这个账号，我们发现他本人给人的印象，就是一个骂骂咧咧、愤世嫉俗的形象。通常来说，讲财经的人，不能太俗气吧，至少得是某商学院毕业，还要自己做过大买卖，搞过大投资。总之人设越高端，信服力越强。

但我们在梳理人设的时候，根据暴躁财经本人的性格特点，有意识地避开了这些传统认知里的"精英标签"，相反，我们更想顺势放大他身上的"草根气质"，让他成为老百姓的骂街代言人，帮助老百姓把那些想骂想说却不敢说的话，用视频表达出来，这就是他能爆火的原因！

如何找到IP的差异化定位

上一讲，我们和大家提到过"人设"的重要性，还提到人设不能找对标，而是要从IP本身的某些差异化的标签出发，呈现在用户面前。

关于人设，我们通常会认为它是强行演出来的，比如说一个夫妻生活的账号，两人就必须把相敬如宾的感觉刻意演出来；一个做美妆护肤的账号，就必须找那种皮肤状态特别好的人来入镜。

然而，真正的人设不是演出来的，而是在这个IP本人的众多特质当中，找到一个最具差异化、传播效果最好的标签，并且通过视频制作的各种手段，把这些标签逐一放大，吸引"同频共振"的粉丝群体。

然而，经过长期达人孵化的实践，我们发现IP本人，基本上很难认清自己身上那些最令人印象深刻的标签，即便能找到，在落地做内容的时候，他们往往也不知道该如何把握力道。同时，给自己打标签这个工作相对比较抽象，即便前期设计得再好，后期也需要在有数据反馈之后反复迭代，对新手来说有一定难度。

所以，这一节我们就来教给大家找到自己差异化人设定位的一些实用技巧和方法。

有差异，就有用户记忆

首先，我们先要对齐一个基本概念：什么叫作差异化的人设？

先问大家一个问题：我们现在去找一条百万大V口播视频的文案，自己翻拍一遍，为什么播放量就是不如人家百万大V呢？相反，有的博主的视频，被一些大号拿去拍一遍，为什么大号就能火？

其实这背后的原因和你颜值高不高没关系，和你账号权重也没有多大的关系，最重要的一点，就是别人的账号，总有一些"文案之外"的记忆点，能够让粉丝在数以千计的博主当中，对这个账号和背后的IP产生浓厚的兴趣，这就是"差异化"。

常见的差异化有什么呢？

首先，它可以是你外在形象方面的"突出之处"。比如着装风格、说话谈吐的方式，甚至拍摄的场地环境、辅助道具的不同等，也会影响到人们对你形象的感知。

给你举个例子，假如我们从新闻联播里随便找一段文字，让一个天津人或者东北人用方言拍成视频，你肯定不会觉得内容严肃，而且，博主说话的方式，会让你忽略文案本身在讲什么。地域口音本身就是一个差异化的"标签"。

着装也是一个很重要的"视觉标签"。比如,提到医生,我们脑子里的第一印象肯定是白大褂,利用这个条件反射,我们就知道,在强化职业设定的时候,一定不能丢掉白大褂、听诊器这些视觉元素。

其次,它可以是你性格当中,和普罗大众"逆向而行"的地方。有人经常会这么说,只有那些能豁得出去,不顾脸面的人,做短视频才能火。其实,人们之所以能记得住你,我倒觉得并不是这个人不顾脸面,而是他表现出的性格当中,总有一些和普通大众不太一样的地方。

比如,"世界抬杠冠军大蓝"这个账号,在2020年下半年是一个现象级的账号,他凭借一己之力,成功带火了抖音的知识博主赛道。我们现在回过头去看,我认为他能火到破圈的原因,就是他把自己"抬杠"的这个性格元素放大到极致。在他的视频里,展现的是一个爱抵抗世俗观点、爱翻白眼、时不时咆哮着说话的形象,没有一个元素是符合世俗的标准,但这种记忆锤却让当时看惯了虚情假意的粉丝为之眼前一亮。

给IP打标签的两个路径

我们之所以要找到差异化的个人风格,目的就是给账号"打标签"。什么是"标签"呢?就是把一个人的特点进行符号化的过程。比如,这个人是一个"男人""北方人""身材臃肿""摩羯座""性取向女""爱看国际政治和体育赛事""每天晚上10点钟固定刷两个小时短视频"……

之所以要打标签,是因为平台就是如此完成推荐的。在识别了你的标签之后,平台会把你的内容推送给打过类似标签的用户,让他们对你的视频做出评价。

所以说,如果一个IP的标签打不精准,意味着算法搞不清楚该把你的视频推荐给谁。

下面,我就要来分享一下我们短视频团队用到的给账号打标签的方法。

第一个方法,叫作"从人出发"打标签。

所谓"从人出发"就是在账号策划的前期,先去挖掘这个达人身上有哪些差异化的地方,什么地方最让人印象深刻,欲罢不能。既可以是着装、穿搭、皮肤、五官等视觉化的信息,也可以是方言、音色、说话风格这些听觉的特点,甚至还可以是气场、精气神、姿态这些"五感之外"的特征。

找标签的过程要先发散后收敛。发散的过程,可以邀请你的亲朋好友或者公司员工,让他们描述你最让他们印象深刻的地方。然后再从这些性格特质当中,选出最有可能火的一个或几个。

比如说,我自己的账号——蛋解创业,在一开始定标签的阶段用的就是这个方法。

我邀请了我的朋友和公司的员工,让他们说在他们眼中我是一个什么样的人。当然他们都很直言直语,告诉我在他们眼中,我最大的特点就是爱贫嘴、没正行、讲话自带段子、爱吹牛、北京胡同大爷、胖子等等。

把这些标签做了一个汇总，再结合我的内容，很快我的人设标签就成形了：一个体重两百斤的、爱讲商业段子的北京侃爷。

第二个方法，叫作"从内容出发"定标签。

和"从人出发"不一样，所谓的"从内容出发"，是另外一种给人设打标签的方式。

有的账号可能一开始就已经明确要做的内容类型，这个时候，最有效的方式是先去构思这样的内容，要求达人具备什么样的性格？怎么做才有差异？然后再去找合适的人。

我给大家举一个例子，2021年有段时间，抖音特别喜欢推荐"探秘打假"类账号，揭露一些社会的不公和商家的骗术。当时我们认为这类内容有流量窗口期，同时和我们蛋解创业一直以来的商业避坑一脉相承，所以我们决定开一个相关的账号。

不过，让我们犯难的地方，是不知道找什么样的人来拍才合适。

我们当时分两步解决了这个问题：既然内容的方向定了，我们先从原点思考，做好一个探秘类账号如何才能被用户接受？这个类型的达人，需要具备哪些特质？

我们开了一整个星期的策划会，最终得到了这样的答案：第一，真实自然。既然是打假避坑，难点在于如何构建信任感，所以一定要真实可信。第二，正义感和神秘感兼具，如果从影视作品里找原型，探秘类账号得像福尔摩斯一样神秘，还要像名侦探柯南一样正义。第三，外形一定要飒。

根据这个标准，开完会的第二天我们快速完成了拍摄布景设计，并找到了合适的达人。考虑到我们公司好像没有特别帅的，我们就找了一个员工，给他配上了面具，目的就是营造神秘气息，也是我们制造差异化的一个手段。

这就是用内容确定人设标签的整个路子。如果你想做某一类特定内容的视频，不妨先研究透这一类内容对人的要求，然后再有的放矢地找到合适的人。

账号每天应该发布什么内容

经过前几讲，我们讲透了人设以及定位差异化人设的方法，目的就是让你知道，未来做短视频，自己要以什么身份、什么姿态面对观众的"审判"。

接下来，我们要做的是第二步，解决"拍什么内容"的问题，明确向粉丝发布什么样有价值的内容，来吸引粉丝的关注，以及最终成交自己的产品。

"每天该拍什么？"这个问题在我看来，就像你问一个选择困难症"今天吃什么？"一样纠结，即便是我这样一个已经粉丝百万的商业博主，每天在面对浩如烟海的选题的时候，同样也会犯难，所以就更不要提还没写过文案、拍过视频的新手了。

其实，短视频的内容，和人设一样，也是需要精准定位的，如果内容定位不准，吸引到的用户不是你想要的，未来不仅涨粉会很被动，还会影响到变现成交。

那么，我们应该如何给内容定位呢？

不要把短视频当朋友圈发

一些短视频新手，在刚开始做账号发视频的做法，实在是太过随意了。

有的人一开始选内容，就是跟着他们眼中自以为的热点走，随便刷个几条短视频，发现今天某个明星发起了挑战很有意思，就决定模仿跟拍。

还有的新人，为了卖自己公司的产品，上来第一条视频直接对着自家的货品一顿胡吹乱扯。别人连你是谁都不知道，怎么会信任你、买你的东西呢？

不过我觉得，作为新手，大家并不是真的随意，而是没有意识到，不管是拍摄还是运营，背后都是需要专业运营的。真正的短视频专业玩家，拍什么、怎么拍、每条内容如何排兵布阵，脚本怎么创作，都要精确到秒级别，其内容的细致程度远超新手的想象。

而对新人来说，要想摆脱这种随心所欲的毛病，最简单的办法，就是不要把短视频当作朋友圈来发！

朋友圈内容的本质是什么？是自我表达，是记录自己的喜怒哀乐。比如今天和朋友吃了个饭，去楼下遛了一会儿狗，疯狂地晒娃……如果切换一下视角，把你自己设想为一个陌生人，当你第一次刷到自己记录生活的视频，你会愿意从头到尾看完吗？

而不管你在哪一个平台做账号，你存在的价值，就是满足别人想看的东西，这样别人才会愿意把时间浪费在你身上，才会有点赞转发关注评论这一系列后续的操作。

有人可能问，为什么别的那些拍生活类的账号，看上去也是在发他们自己的朋友圈？为什么我觉得自己的朋友圈也很有意思，但别人看上去就没有价值？我自己有很多想说的话，想表达的观点，怎么处理和平衡好"自我表达"和"别人想看"的矛盾呢？

其实，只要我们把短视频当作电影，或者其他形式的影视作品来看待，这个问题就清晰了。

一部好电影，是由很多专业的电影技法和规范所构建出来的，作为观众或者外行，是看不出来导演用了什么手法、剪辑构图用了什么技巧的，我们只需要身处其间感受情节的发展即可。但这并不代表电影没有制作的规律和逻辑。

同样，作为一种时长有限、用户不满意就会马上划走的特殊视频形态，短视频也有自成体系的一套"电影技法"，比如要控制文案的节奏，要格外重视前几秒钟对用户的情绪调动，以及要适应竖屏的视觉传达习惯，等等。不过这些技法，我们要学习，是需要时间的。

另外，还是以电影为例，每一部电影，导演和编剧都有自己想要表达的价值主张，但是这些观点不能孤立地表达，而是要通过电影的技法来辅助完成，要借助情节的推进和用户情绪的撩拨，最终才能唤起与广大观众的共鸣。

所以，短视频在内容上是作者的自我表达，但是形式上一定要符合其独特的内容规范。

内容定位的方法

短视频发展到今天这个白热化的阶段，大家在怎么定位内容上，基本呈现出两个基本的门派：第一是流量派，第二是成交派。一个北宗，一个南宗。

流量派认为，内容要围绕着播放量最大化这个目标，越能产出爆款的内容，越是好内容。我说几个词，大家很快就能知道流量派的打法：

第一，标题党。就是用夸张和诱骗的方式吸引大家持续看下去。

第二，追热搜。就是基于平台当前搜索指数高、群众普遍关心、舆论热议中心做内容，它们的流量效果一般不会差。

第三，跟计划。就是紧跟平台的扶持方向走，平台最近对什么题材的流量有扶植，跟着做就好。

在抖音运营界，有一句话叫作："不要问粉丝量，问就是小白"，因为即便你把粉丝量的数据搞很大，数字看上去很厉害，但这都是"幻相"，或许有的广告方会"唯流量论英雄"，但实际上对老板而言，虚幻的流量对卖自家的产品或服务其实并没有太大的帮助。

所以，真正对大部分老板有用的其实是"成交派"，所谓的成交派，就是我们在构思做什么内容的时候，要时刻想着这个内容能不能对我最终的带货或者销售产生影响。

我下面会给你一套从产品推导该拍什么内容的方法：

第一步，找到你的"铁粉盘"，认清你的核心用户到底是谁。

所谓铁粉盘，就是那一群真正信任你，愿意跟随你，别人的产品再便宜他们也要找你下单的粉丝，他们是你变现所依靠的主要的力量。

流量和用户是有区别的。

这群人一定有些显著的"群体画像"。你要做的就是把这群人的画像描述出来。

比如，蛋解创业这个平台，它最主要的铁粉就是爱看创业内容的中小企业老板，未来有创业打算的客户。

第二步，给铁粉们"画幅画"，也就是提炼出他们的"人群画像"。

所以，我们确定内容方向的第一目标，是要用你的内容，精准吸引一拨儿会为你的产品下单付费的客户。这样我们拍摄视频的方向就简单多了，我们只需要去输出那些我们产品的目标用户感兴趣的内容即可，投其所好，再通过数据不断验证，持续优化内容，就能轻轻松松打造一个精准垂直的吸金账号。

那么，到底应该如何用目标客户，反推我们的视频内容呢？

第一步，先明确你在抖音上想卖什么，谁会买你的产品。

我时常会提醒想做抖音的老板们："不用刻意去找所谓的流量密码。"真正的流量密码，其实就是我们自己的产品。与其整天关注拍什么题材会有流量，幻想着取悦所有人，倒不如只服务那一群愿意为你掏钱的人。

我们在设计内容之前，第一步该做的，不是研究人，而是研究你自己的产品。你可以根据过往的产品销售经验，或者同行业的数据反馈，看看会为你付费的到底是群什么人。

第二步，找准目标人群的用户画像。

我们找到了谁会买你的产品之后，你要做的第二件事，是给这群人画一幅清晰的用户画像，颗粒度越精细越好。

比如，我们之前给一个卖洗衣凝珠的老板策划过账号。我们做的第一件事，不是一上来就全凭自己的臆想设计内容，而是先调取了他们品牌过去的销售数据，确定到底为此付费的用户是群什么人，有哪些重合度极高的标签。我们发现，买他们产品的人，大致是二三线城市的宝妈，学历和教育程度普遍不高，收入水平一般，等等。有了这些基本的信息，你才能有的放矢地做内容。

第三步，摸索目标人群的内容偏好。

确定了产品客户的标签，接下来的最后一步，就是摸索这些人对什么短视频内容会感兴趣，然后在此基础上设计和发挥。

根据我过去的经验，我知道这群消费洗衣凝珠的女性客户，她们平时关注的短视频是很多情感话题，比如，"老公到底爱不爱我？""孩子如何管教才听话？""为什么女人一定要独立？"确定了这个方向，我们就大概率知道视频怎么拍能留住这群爱看励志鸡汤的用户了。

有人会问了，要是我没有经验，不知道粉丝刷视频的偏好怎么办？

说复杂点，你最好经常关注一些官方发布的白皮书，里面有太多的篇幅都是在讲各类人群平时每天花多少时间，刷什么类型的短视频内容；说简单点，你还可以抽样调查，去找几个和这类标签重叠的粉丝，把他们的手机"抢过来"，看看他们平时都看什么样的视频。

详解短视频平台推荐算法

有人这样开玩笑,说短视频背后的推荐算法,简直就是人类的"第八大奇迹"。

短视频的算法能有多神奇?有时候人工智能系统,比我们自己都还要了解自己。你可能刚失恋,马上就会刷到一条教你如何挽回恋人的视频;你点赞关注了一个小姐姐,接连好几天你都会被唱歌跳舞的视频轰炸……

不得不感叹,智能推荐让"千人千面"成为可能,它不依赖人工,却比人工还要精准高效。虽然我们的视频是拍给人看的,但首先必须过人工智能这一关。作为内容创业者,除了要研究你的粉丝对视频的喜好,也不能忘记研究算法的喜好。

平台如何判定内容的好坏?

你是否有这样的好奇,抖音的推荐算法,就像是一种没有感情的机器，它是如何判定一条视频的内容，到底好还是不好呢？

以抖音为例，各式各样的内容创作者，每天会上传6000万条视频到平台上。平台做不到每条视频都一一找人打分评价，而决定哪些视频值得推荐，该推荐给多少人看，就成了一个无比浩大的工程。抖音是怎么做的呢？

它的算法其实就做了两件事：一是分批测试，二是用数据说话。抖音一开始会把你的视频给一小部分用户"盲测"，如果大家看完之后，数据反馈还不错，那么平台就会把视频推给更多的用户。

比如，抖音会认为，如果一条视频给了一万个人看，有1000个人点赞，那这条视频的质量一定会比只有500个点赞的更值得推荐；如果3分钟的视频，大家平均只看了3秒钟，这就证明这条视频肯定有很大的问题，不能再继续推荐给别人看了。

一般来说，不同视频平台，基本上都是从完播率、点赞率、关注比、评论率、转发率等数据指标，去判定你的内容是否优质，是否该推荐给更多的人看。目前不同的短视频平台，差不多都是通过这几个指标分辨视频数据的好坏，只不过给不同指标赋予的权重各有侧重。

我们不妨这样理解，点赞完播这些数据指标，就像我们过去上学考试时，老师给我们判卷打分的标准，我们作为内容创作者，知道平台给你打分的标尺在哪儿，策划视频的时候，就要有意识地提高这些指标的打分。

平台如何分发流量？

我们知道平台怎么给我们视频的质量打分之后，接下来，我们再看看它是怎么把我们拍摄的视频分发给更多的粉丝看的。

这里就要介绍抖音一个很重要的流量分发机制——"**倒三角分发机制**"。

在抖音里，有个专业名词，叫作"流量池"。所谓流量池，就是抖音给每一条视频预设的推荐量。比方说，对于一个新账号，虽然你没有粉丝，抖音也会给你300～500的推荐量，让他们给你的视频打分。如果看了你视频的人，很多从头到尾看完了，还给你点赞、评论并且转发，抖音会认为这条视频的质量还不错，还会继续推荐你的视频给更多的人看。

不过，接下来的"二次推荐"，就不再是300～500这个水平了，可能就会曝光给3000～5000个人看，如果依然有人给你好的数据反馈，那平台就会再给你的视频进行更多轮曝光。一般来说，一条视频最多会经过八次曝光，最后一轮曝光会推给几亿量级的用户，推到这个层级的流量池，你的视频一条涨粉百万基本不会有太大的问题。所以，从图形上看，这个抖音的推荐机制很像一个倒三角，推荐的次数越到后面，覆盖的用户量级也会越大。

在这里，我想说一下不同平台之间推荐机制的细微差别。

现在的短视频平台有很多，你可能会纠结，在抖音、快手，以及新晋的视频号之间，到底应该选择哪一个？除了主流的短视频平台，像小红书、知乎等二线的互联网公司，是否也值得一试？

我们先来说说抖音、快手和视频号在推荐机制方面的差别。

抖音的传播速度和破圈的爆发力，在三大平台里是最强的，这是因为抖音的推荐是一套中心化的逻辑。简单来说，如果平台判定你的内容很好，它就会根据倒三角法则，快速推荐给所有的用户。所以，在抖音上经常会有"奇迹"发生，一条视频没有人工干预就在一夜之间成为爆款、助推博主涨粉百万的事情时有发生。

相比之下，快手的推荐叫作"节点式分发"或者"群落式分发"，往往是在具备相同属性的一群人当中才能够获得快速的传播，所以快手平台上的视频爆发力没有那么好。

而视频号是微信生态里的一个工具，什么决定你在视频号里能不能火呢？是靠你本身有多少好友。如果你的好友都给你的视频点赞，那么你这条视频会被他的朋友看到，然后像病毒传播一样持续裂变，才能被更多的人看到。所以视频号爆火的逻辑，本质上是你有多少好友，你的好友越多，在视频号上爆火的可能性就会越大。

如果你本身没有流量用户，也没有什么能力和背景，那抖音对你来说就是最好的选择。

平台算法

上一讲我们说过，衡量一条短视频效果的好坏，平台考查的关键，是粉丝看完这条视频之后的数据反馈。我们想要让自己的每条视频成为爆款，本质上就是要想尽一切办法提高短视频的数据表现。

下面我会从提升完播率、点赞率以及评论转发量三个角度，给你分享我们批量生产制造爆款的一些诀窍。

如何拉满视频完播率？

首先我想讲解一下"完播"这个概念。所谓完播率，就是平台推送给你的粉丝当中，有多少比例的人把你的视频看到最后。关于完播率的统计，有的观点认为它是"从头到尾"看完的人数，还有的观点认为它是"看到一半"人数的占比。

不过这个统计方法不重要，大家要理解，完播的本质是视频能"留住人",是一种上瘾的感觉,这是抖音等平台评估视频质量最重要的标准。

很多新手都有一个通病,对用户的时间不重视。故事说了半分钟,还没进入正题。

根据我们的统计数据,大部分人的视频,粉丝还没看到3秒,95%的粉丝就已经划走了,他们真的太高看用户的耐心了。你的视频连开头三秒都留不住粉丝,平台还会给你继续推新的播放量吗?根本原因,就是大家的拍摄太过粗放,没有刻意使用一些"机关"留住粉丝。

那么,我们可以使用哪些机关,有效地改善视频的完播呢?

第一,视频尽量短小精悍。

你想,短视频前面为什么有个"短"字?因为视频越短越吃香,你拍个十分钟的视频,除非内容极其优质,否则别人很难有耐心看完。

所以我建议,对新手来说,要给自己一个时长的硬性限制,先做15~50秒以内的内容,这样做能够最大限度提升完播率,让内容尽量废话少一些,然后再逐渐增加时长。

第二,调整说话顺序,尽量高潮前置。

很多小白一开始录短视频,说话的方式还是小学老师的那一套,先说起因,交代经过,把最有意思的结果放到最后。但是短视频要是这么说话,这个账号多半火不了。

原因很简单,用户划到一条视频,决定要不要看完的"犹豫期",只有短短3秒。

设想一下,如果你把这个"黄金3秒审判期",用来做自我介绍，交代一堆废话文学，谁会有工夫把时间浪费在一个陌生人的身上？

而最有效的办法，就是把你故事最有吸引力的高潮部分放在开头。比如，我在2022年6月做过一期讲述中国小龙虾产业发展史的视频，我没有上来就跟大家说"今天我们来讲讲小龙虾这个行业"，而是问了一个问题，"你知道中国人一年要吃掉多少小龙虾吗？"我的目的就是用这样一个互动式的开头让粉丝有兴趣看下去。

第三，"不要走，我还要"。

改善了前三秒的文案结构之后，你会发现你的完播数据能比之前好几倍。但这还不够，如何让粉丝对你后续的主体内容感兴趣，也要用到一些"小套路"。

比如，你刷短视频的时候，经常会看到这样的文案，"这条视频对大家非常有用，一定要看到最后"，"今天我会讲三种方法，其中第三条最重要"，目的都是"勾引"粉丝停留到最后。

不过这些话术都是表象，最本质的一点是利用了用户"沉没成本"的心理，也就是说，一条视频大家都看到了30秒，他还会在乎剩下的10秒内容吗？

如何刺激粉丝留言的冲动？

接下来我们讨论一下评论和转发。

先说一点，用户看完你的视频，并且决定在留言区发表自己的观点，这是一个"很重"的动作，看完一条视频、点个小红心,这些都很简单,但要想让粉丝启动"发言"和"转发"的冲动,会比上述的动作有更高的难度。

那么,用户愿意评论的根本动机是什么呢?是最原始的"表达欲",是他觉得不说点什么就浑身不舒服的冲动。我们该如何在视频里激发用户想表达的冲动呢?

我总结了下面两个常用的方法:第一是制造槽点,第二是增加记忆点。

第一,制造槽点。

我们在分析用户评论的时候发现,你想让一个人对某个事件高谈阔论,往往是很困难的,但让用户吐槽自己看不顺眼的事情,却非常容易。

比如,你会发现很多讲正经话题的博主,背后经常会坐着两个不说话的美女,他们真正的价值是什么?就是故意增加"槽点"。有人会在评论区讨论,怎么今天的美女没有昨天那一位好看了?这个美女可以和达人组CP,目的都是刺激视频的评论量。

有一次我在一期视频里,提到一家钻石公司叫"戴比尔斯",我却故意说成了"戴尔比斯"。评论区瞬间炸锅了,一大群键盘侠突然跳出来"围攻我",他们嘲笑我:"你连这个公司都能读错,你还敢出来讲商业,趁早找个电子厂上班吧!"

不过他们不知道的是,多亏了这些评论,这条视频的播放效果出奇地好。这是因为,即便是靠槽点引发的评论,在人工智能的眼里,也并不是对你视频质量的质疑,反而是对你视频的肯定。

第二，增加记忆点。

记忆点，简单来说，就是你的视频里反复出现的标记，可以是你的口头禅或者slogan，也可以是你经常用到的小道具。观众在看到这些标记之后，会形成条件反射，看到他们就会不自觉地和你联系到一起。

比如，我一说"今年过节不收礼"，你脑子里就会不由自主地蹦出下一句"收礼只收脑白金"。我问"集美貌与才华于一身的女子"是谁？你一定会想到视频领域的papi酱。

而我们在设计记忆点的时候，如果能制造出类似槽点的反差效果，用户就会与你保持长久的互动。

比如，还记得我前面提到的"电侦探"这个账号吗？在设计人物形象的时候，我们就让他戴上面具，揭露很多社会乱象和一些无良商家。戴面具除了能刻意制造神秘感外，另外一个作用就是故意制造记忆点。比如很多人会在评论区说你真勇敢，你摘了面具让我看看。这也是刺激大家评论的有效策略。

如何利用短视频变现

做流量、上热门、冲击爆款，都不是我们做短视频的终极目的。老板们做短视频最核心的目的，还是要赚到真金白银。

我遇到很多"命好"的短视频新手，他们刚做一两个月，好运爆棚，弄出了一条几千万的播放，但是，我都会冷冷地回复他们一句：So what？很多不会变现的新手，都有这种"接不住爆款"的问题，好不容易做出了一条热门，但是橱窗里没有卖的产品，后端也没有服务承接，白白地浪费了很多珍贵的流量资源。

所以，搞流量不难，关键是怎么让流量变成真金白银的"生产力"。

短视频平台的主流变现方式

第一，接广告。第二，直播带货。第三，通过视频带货。

第一种是大部分人都知道的接广告。这是一种别人会"主动找上门"的变现手段,当你的粉丝做到一定体量,自然会有商家通过官方的广告运营平台找到你。

所以说接广告是相对被动的一种变现方式。这里我想说的是很多老板关心的、我们可以主动有所作为的变现方式,即直播带货和视频带货。

这几年,直播带货是一个热度非常高的、大众公认的变现方式,甚至发展到有些狂热的地步。就在2022年,"交个朋友"直播间大火,也留下了在网络中流传的"真还传"的故事。这样的"神话"还包括:知名艺人刘畊宏,在疫情期间带领老百姓跳"毽子舞",短短数日涨粉3000万;新东方的直播间东方甄选,也正是凭借直播带货的不俗表现,让股价低迷的新东方彻底逆风翻盘。这些台面上的故事也赚足了眼球,把直播带货推成了短视频最核心的变现手段。

不过你可别忘了那个真理,人人都知道赚钱的地方,往往就是赚不到钱。一方面,直播带货从2022年下半年开始,已经成为专业玩家和资本的逐鹿场了,竞争压力也不小;另一方面,你要是做一个直播间,首先你得有主播,你得有运营人员,你得有选品的人,你得有投流的人。所以说打造一个直播间,成本其实蛮高的。而老板们往往还忽略了一个更加重要的战场,那就是通过视频直接带货。

所以,我们在带货之前,还是需要综合权衡,以你们公司目前所处的阶段,以及目前的运营能力,到底适合哪种带货手段。下面,我就带你比较一下这两种带货渠道各自的优缺点。

为什么通过视频带货是一个被大部分老板忽视的重要战场？

第一，通过视频，带货的成本和门槛相对更低。

和打造专业的直播间相比，做视频一来不需要搭建直播间的时间、设备成本，二来不需要雇用专业的直播运营团队。其次，根据平台要求，只要有1000个粉丝就可以开通小黄车视频带货了，非常适合创业者在初期阶段"小步快跑"。

第二，视频带货比起直播带货，流量更具长尾效应。

什么是长尾效应？我打个比方，你给头部大主播@疯狂小杨哥交了坑位费，让你的商品上他的直播间。在他下播的那一刻，你的销量就没有了。如果你把你的产品植入到小杨哥的视频里，只要这一条视频不下架，还是会有源源不断的销量。即便后来这条视频播放量慢慢衰减，你仍然可以通过投Dou+的方式，再把这条视频的流量拱起来。

不过，视频带货也有自己明显的弊端。比如，流量受你内容的影响比较大，内容不好，视频的播放量和带货效果很容易不理想，流量相对不稳定。此外，视频带货还容易引起粉丝的抵触，俗称"脱粉"。

不过，视频带货最大的缺点，还是它的变现天花板太低了。就拿我们自己来开刀，我们公司其实算得上是抖音商业财经类目种草榜的头部了，我们一条视频最多能卖一百多万的货。这个成绩听起来不错，但是拿直播带货的一些头部账号做横向对比，你就会发现人家一场直播结束，销量基本上是1000万打底。

所以，视频带货在变现方面的爆发性，还是有自己明显的天花板。但考虑到对于一些小公司和初创企业来说，视频带货的风险更小，投入产出比更高，我认为这是这类企业早期尝试带货不能忽视的一个重要赛场。

优质卖货文案的"三根柱子"

下面，我会和大家分享我们做出高转化率的视频卖货的秘诀。

卖货短视频本质上还是一个能给用户带来价值的短视频，但是其特殊之处在于，它不是要向用户一五一十介绍产品功效标准的产品说明书，而是要把产品最核心的卖点融入对用户产生价值的内容当中的情感引爆器。一篇能卖货千万的短视频文稿，其实既考验我们对产品和用户的洞察理解，也考验你做内容的思维。

那么，该怎么写出优质的内容？

在讲方法之前，我想先跟你讲一个乔布斯的"卖货"故事。乔布斯曾经有一段被苹果股东逐出公司的经历。在被"流放"福克斯之前，乔布斯以自己女儿之名研发出一款叫作Lisa的电脑，这款电脑在当时性能极其强劲，但上市后销量极其惨淡，这也让乔布斯在苹果的地位一落千丈。当时据说，这款电脑光是说明书就整整9页。

不过到好莱坞锻造过一段时间的乔布斯，似乎学到了好莱坞那套讲故事方法的真传，等回到苹果就推出了iMac的电脑，他说："我希望消费者看见它，不由自主想舔一口。"很显然，乔布斯已经不再是那个不会"卖货"的手下败将。

乔布斯是怎么学到好莱坞的这一套"卖货故事方法论"的呢？

我们都知道，好莱坞的故事一般都有一个固定套路，一个怀揣着某个梦想的主人公，遇到了某个阻碍，但是他幸运地遇到了一个向导，这个向导给他提供了一套解决方案。主人公受到向导的召唤采取行动，避免了失败。讲卖货故事，不也同样可以采取这个套路吗？

首先，乔布斯发现，过去自己"王婆卖瓜"的套路是行不通的，用户不关心你的电脑技术有多先进，更无法被写满9页纸的产品说明书打动，用户关心的只有这个产品有什么不同。所以对电脑商家来说，最要紧的事情是知道消费者内心究竟想要什么，到底是什么阻碍了用户实现他们的梦想。确定了这一点，产品和营销的锚点也就无比清楚了。

乔布斯当时洞察到，当时市场上的电脑都长一个模样，用户根本无法表达自己的个性。苹果如果推出一款能彰显用户个性、显示自我价值的产品，一定能获得市场的广泛认可。所以，你看他再推出的iMac系列电脑和iPod音乐播放器，不管是产品还是广告，都在表达一个观点，那就是"你是主角，你可以表达你自己"。

其实，我们写卖货短视频，完全可以复制乔布斯的这个营销套路，这也是我自己屡试不爽的优质卖货文案的"三根柱子"：

第一，先要清晰地知道用户想要什么？

第二，知道是什么东西妨碍了用户实现自己的梦想？

第三，用户得到这个东西之后生活会有什么样的改变？

如果视频能够做到如此环环相扣、一气呵成，你的粉丝就不会觉得你的视频是一条"硬广"，而是真正能够读懂他的内心、解决他的问题、帮助他实现自己梦想的内容，这样的视频，不管是数据还是最终的转化效果，都会比一条纯粹的"说明书"视频要好。

实操案例：

那么我们在写文案的过程中，是怎么套用这样一个公式的呢？下面我给你举个例子。

我们写过一个花洒的带货文案。这个产品和普通的花洒还不太一样，它是一款带有增压和除氯功能的花洒。我们写文案的时候，肯定不能直截了当地讲解这两个功效，否则就变成了一条会"脱粉"的硬广。你会发现，如果套用"三根柱子"的构思方法，你写带货文章的思路一下子就打开了。

第一步，我们先思考一分钟，用户想要的东西究竟是什么呢？是一个水流湍急的花洒本身吗？其实不是，我们还要更深一层考虑，用户洗完澡之后，到底有什么不舒服的地方？我们发现，很多人洗澡后，都会出现皮肤紧绷、头发干枯甚至脱发的问题，这才是能召唤大家看完视频并采取行动的地方。

所以，我们就解决了这个视频第一部分"用户想要什么"的问题。

第二，我们就要思考，到底是什么阻碍了大家？这时候，我们就是一个好莱坞大片里的"向导"，要给主人公"点破"问题要害，提出解决方案。我们就发现，大家洗澡后皮肤干燥、头发干枯和市政自来水当中的氯气关系很大。

所以在文案当中，我们用很大的篇幅，向粉丝讲解市政自来水当中为什么会有氯，氯气对人的皮肤和头发会造成什么伤害，还提到了五星级酒店的水都是提前做过除氯处理的。说到这儿，不仅解决了大家长期以来困惑的洗澡后皮肤变干的真相，还让大家明白了自来水除氯的重要性。

最后一步就是向用户说明购买产品之后，自己生活会因此发生什么样的改变。这是优质带货文案的"临门一脚"，在你的受众意识到阻碍自己实现目标的障碍是什么以及克服障碍的重要性之后，一定要最后"补一刀"，告诉他克服这个问题之后，未来是多么地美好。

比如，我们的视频最后，我们戏谑了一句，如果不想"被氯"，不妨也来一根这样的花洒，这样你能收获和五星级酒店一样的优质水质，还能让你洗完澡之后皮肤顺滑，不脱发，不掉发，每天都能享受高压花洒带来的在家中做SPA的效果。

经过我们这一番操作，当时视频一经发布，我们就卖出了

6000多个花洒。

其实优质的带货视频文案并不难，本质上就是要杜绝"推销式"的文案，先搞明白用户内心真正的问题是什么，帮他意识到并顺利解决这个问题。按照这个"套路"，相信你的产品也能通过一条视频卖爆。

如何找达人合作,提高变现的效率

上一节,我们和大家聊了如何写一篇高转化的带货文章。这一节我们就来聊聊如果你自己不想写,或者现阶段账号的粉丝基础还不够,想找其他达人投放短视频加快变现的效率,那应该注意些什么事项呢?这也就是很多人关心的,如何让达人帮自己带货、怎么找到不坑爹的达人推广自己家的产品问题。

我认识很多不缺好产品的老板,他们自己的产品质量过硬,初期的反响还不错,就想借助短视频平台的直播,把优质单品打成爆款。但是考虑到自己势能太小,自己搭建直播间费时费力,就直接花钱找一些有粉丝基础、自然流量还不错的达人为自己站台。不过试了几次,发现白白给大V交了一大笔坑位费,货没卖出去几件。

那问题究竟出在什么地方?

其实老板找达人给自己带货,这个思路完全是正确的。很多老板想推爆款，想抢滩登陆快速占领市场，"拿钱买钱"自然是效率最高的方式，但这背后却有你想象不到的"门道"。

一开始我问我那些找到"坑爹"达人的朋友，你们找达人合作的时候，看的是什么？他告诉我：不就是谁的热度高，谁的粉丝多，我们就找谁合作借势呗。还有的老板，选达人的过程看似谨慎，人设、用户画像、粉丝量、转化率、带货口碑……这些指标看一大堆，但还是抓不到重点。

找达人带货，我们最应该关注什么指标？

答案就是ROI，也就是你找达人花的1块钱，到底能给你带来几块钱的回报。只有ROI大于1∶1，你才能称得上是拿钱买钱。我们要想靠别人的短视频帮自己成就爆款，最重要的一点，其实是看在这些达人当中，谁的视频能为你带来最高的转化率。

给你举个例子。你现在想要和达人合作拍摄一条带货的短视频，目前有三个合适的备选，三个达人视频的平均播放量分别是100万，10万和10万。表面上看，这个100万播放量的达人曝光量是最大的。

但是你可别忘了，我们在之前就和大家讲过，粉丝量和精准度不一定成正比，要是他的转化率只有0.01%，意味着你最后只能可怜巴巴地卖出10件商品。而你还要注意一点，和大号合作，他们是稳赚不赔了，但要收你一大笔的坑位费，这样算下来，你就是花钱买个罪受。

如果你投放的是那个相对精准，但粉丝量不高的1万播放量的达人，那最终你的成交能达到100件，效果直接比大号好10倍。这就是"转化率"这个指标的威力。

所以，我们在选达人之前，不要被表面上的粉丝量迷惑，也不用关注太多细枝末节的指标，最关键的一点，是要测出不同账号之间的转化率的高低。

不过你可能会问了，小的达人虽然转化率好，但是播放量和影响力毕竟还是很有限的，要想让自己的产品卖爆，光找小达人是不是似乎还不够？

这里我要告诉大家一个反直觉的认知：提高带货视频的播放量，这件事情不是达人的工作，而是老板的工作。老板本质上负责的，是"高转化视频"的播放量。

这句话是什么意思呢？我们在找达人的第一步，先不用去管不同达人播放量的高低，而是先测出谁的转化率是最高的，即便是达人的基础播放量不够，但我们可以通过追加Dou+投放的方式，帮助他提高视频的播放量。这么操作的好处就在于，我能清晰地知道我每一分钱花出去的投入产出比，接下来我花的每一分钱，都能给我带来直接的高产出。

而很多老板在实操过程中，会把顺序搞反了。本来应该先测算转化率，但他们一开始就想着怎么一步找到播放量最大的达人，他们会下意识地认定，播放量高的达人自然流量好，人设稳定，但问题就在于，有可能你试了半天，发现带货效果一般，刨除高额的坑位费，自己最后什么也捞不着。

这是找达人投放的时候第一个非常重要的认知：先关注转化率，再不断拉高"高转化视频"的播放量，千万不能本末倒置。

我要分享的找达人带货的第二个认知是：带货达人决定你的转化率，而毛利率决定你的投放策略。

这就要说到，究竟什么样的产品适合找达人投放？

其实我们会发现，在抖音上，很多达人最喜欢带的货是美妆日化产品。不是因为这个产品给的预算充足，而是这些产品的毛利率足够高。毛利率高，一方面意味着毛利润的很大一部分，商家可以让利给达人当分佣，给足够的坑位费；另一方面，还可以在找到高转化率视频的同时，二度投放成Dou+。

给大家一个准则：如果你产品的毛利率低于40%，千万不要尝试靠达人给你带货。

有了上述这两个基础的认知后，我们大概来说一说，一个预算有限的小公司，打造单品爆款的具体投放策略。

我先考大家一个问题。如果你们公司目前正准备和达人合作，但市场预算有且仅有10万元，你会优先选择和下面的哪一类达人合作？

（1）"交个朋友"等顶流KOL（自然流量大，坑位费高）

（2）蛋解创业这样的腰部KOL（自然流量中等，坑位费中等）

（3）无真人出镜的带货营销号（自然流量小，纯CPS结算）

（4）50万粉以下的KOC（自然流量小，几乎没有坑位费）

我曾经在我的线下课程给很多老板做过这个测试。当时大家的答案五花八门，有的人觉得，把产品弄进超级顶流KOL的直播间，"吸睛效应"非常好，能让自己的产品快速破圈，给自己带来其他资源和机会。有的人觉得，找蛋解创业这样的账号合作，是一个折中的选择，第一是坑位费没有"大咖"要得贵，第二是我们的账号影响力也还不错，视频带货的效果也有很大的保障。

但是，大家千万不要忘了一个前提条件，现在你手头的预算只有10万。这就像是一场赌博，如果你找大V给你带货，能做出来双方都乐见其成，要是投出去泛不起什么水花，也许你们就永远告别抖音了。

对小公司来说，最合理的投放姿势，其实是先找50万粉以下的KOC，再根据情况找顶流KOL或者带货营销号，而蛋解创业这样的腰部KOL，应该是你最后的选择。

为什么我要把自己放在最后？可不是因为我们"坑"啊，就事论事。

首先，对小公司来说，你们手头没什么钱，在合作方面，不找收坑位费的大V对你们来说是风险最小的渠道。但你找一批50万粉以下的KOC，好处不止于此。我们的第一条认知就讲过，找达人合作的第一步，一定是先测转化率。你雇用一个商务，每天链接100个能够带货的小博主，挑出那些不收坑位费却愿意帮你发视频领分红的达人，他们就等同于是在帮你测不同视频的转化率。遇到转化率高的达人拍出的视频，你找准了投放dou+，就能给你带来稳赚不赔的收益。

你会发现，合作一年之后，你基本上能筛选出转化效率最高的达人，而这个达人的列表，就等同于你公司产品的最佳销售渠道。而构建这个渠道，除了雇用商务要开工资，你基本上不用出任何建渠道的费用。

这其实就是找达人给你带货的基本盘，**基本盘扎实之后，你**

才能去尝试其他的达人，达到打爆产品的目的。

比如说，为什么有的达人要去找顶流的KOL？目的是赚钱吗？当然不是。我有一个朋友，天天去头部主播的直播间，交完坑位费，头部主播帮他直播了3分钟，卖出6000袋洗衣粉。我问他最后回本了吗？他告诉我没有。

但是为什么还要乐此不疲地找头部主播带货呢？理由很简单，就是为了给产品加上一句"某头部主播曾经在直播间卖过"的标签。所以找顶流，有时不是为了赚钱，而是帮你的产品做信任背书。

做到了这两步之后，你再回过头来找腰部KOL，才是最明智的选择。一方面你已经能够保证回本，不会一次性掏空你的预算；另一方面，你找顶流卖货的标签可以为产品自身的卖点做加持，腰部达人会更愿意跟你合作，转化效果也会更好。

找达人合作卖货的挑人逻辑

第一，账号的人设极其关键。人设的重要性甚至要超过粉丝量和播放量。人设立不立得住，是否能精准匹配你付费用户的画像，会直接影响到我们最为看重的转化率指标。

我给大家举一个例子，我认识一个卖洗衣凝珠的大哥，他的一条视频就卖了200万的货。不过他们在选人设的时候，没有找生活妙招类的博主。给他带来爆炸式GMV的，居然是位聊情感鸡汤的达人。因为有娃带孩的宝妈，她们正好喜欢在情感空虚的时候，看大量的鸡汤情感视频，而这群人，恰好是洗衣凝珠的目标客户。

　　第二，口播达人比剧情达人更为合适。为什么口播达人的带货效果明显就是要比剧情达人高出几个数量级？因为口播达人，就是能走进用户心坎的那个人。很多口播达人以真人的形式出镜，和用户的距离感更近，更容易建立某种信任度，口播达人就像你的一个知心好友，知道你当下缺什么东西，发自内心地给你种草。更重要的一点是，和剧情达人相比，口播达人的粉丝画像以"精准粉"为主，卖点与受众需求点的对接也更精准，所以转化率就更高。

商家如何靠店播带货

我们在上一节视频，重点和大家讲了如何通过短视频直接售卖产品，这一节我们继续给大家分享第二种变现的主流形式——直播带货。

从疫情之后，直播带货到底有多火，我想不管你是局内人还是普通人，这个风口的烈度都不用我过多强调。我之前说过，直播带货和视频卖货一个显著的区别，就在于其天花板更高，流量更具爆发性。所以，对很多老板来说，如果你能搞懂直播卖货的主要逻辑，对于扩展已有的产品经销渠道也好，还是主推短视频靠直播实现产品破圈也好，几乎都是这个时代的必修课了。

直播卖货这件事的本质是什么？

直播带货，和我们过去在商场买东西，在淘宝或者公众号链接里面下单，到底有什么区别？

先给大家补充一个概念。站在老板或者商家的视角，直播带货其实分为两种：第一种叫作他播，也就是在其他达人的直播间里上架自己家的产品，那这个直播间可能不只卖一个牌子的东西；第二种叫作商家自播（或店播），就是品牌方自己设置自己的直播间，只卖自家品牌的商品。如果你要推荐一款产品，既可以用自播的形式，也可以像找达人那样去他们的直播间。

不管是他播还是自播，它们的本质其实都是把过去线下导购给你推销商品的场景，搬到线上来，这也叫作"销售场景的重现"。不过可不是简单地搬家，而是未来可能大批量替代线下场景的一次销售革命。

原因很简单，因为直播带货这个方式，它的效率贼高，收成还特好。

给你打个比方，假设你开一家美妆店，你要花钱租房、装修、雇人、囤货，还没有开张收钱，一大笔开销就已经让你足够心力交瘁了。最关键的是，导购的生产力是有限的，一个导购充其量一个小时服务10个客人。

但是，你会发现把这个场景搬到线上，就会有无穷的变现想象力。先不说省去了线下开店庞大的开销，光是一个直播达人，同时间可以像李佳琦那样服务半个中国的女性，这一点就能让无数的人嗅到商机。

但你会有一个疑问了，到线下门店购买产品的用户，基本上都是有明确消费意愿的客户，否则这些人不会进店，但是进直播间的粉丝，好像都是随机的？那么怎么能够达到和线下门店一样的转化效果呢？

这里我想很负责任地告诉各位老板，这就是短视频平台直播相当厉害的地方。进你直播间的粉丝，不是随机的，而是半精准的用户。比如在抖音，很多老板会通过千川平台像投放Dou+一样，把视频投放给特定标签的目标客群，引导看到视频的粉丝"点击右上角，进入直播间"。

这里就涉及直播间的第二个属性，就是它的投流逻辑。虽然不同的直播间都有一定的自然流量，但直播间本质流量的获取，非常依赖于前端信息流广告带来的付费流量，其次才是我们如何留住人，如何引导粉丝下单购买产品。

从获取流量的角度讲，直播带货的本质就是投流，但是这并不意味着只要学会投流，就能轻松实现单场直播变现百万甚至千万的宏伟目标。打造一个吸金的直播间的难度远超各位想象。

举个简单的例子。很多老板经常会问我，到底是要找成熟的大型直播间带自己的产品，还是要自建商家直播间呢？

我会告诉他们，商家自己搭建直播间有很多好处：一个是怎么宣传自家的爆款产品，商家在内容上是充分可控的，不用担心找来的达人不听话，故意缩短直播时长等问题；另外一个方面就是防止主播恶意承诺，送很多合同里没有规定的福利，导致商家承担不了。

虽然自播有那么多的好处，但是我发现还有很多商家并不重视。不重视的原因，并不是自播不好，而是自己没那个"金刚钻儿"，根本玩不转直播间的套路，甚至很多老板对直播间该怎么设置、主播的话术怎么设计、直播有哪些具体的环节等问题都还处在"丈二和尚摸不着头脑"的阶段，可见老板在自己搭建直播间之前，还有很多基础知识需要学习。

一个老板要做好自播需要哪些基本的能力？

抖音官方的白皮书曾经发布过商家自播的八项能力模型。我从中找出了老板们在运营直播间的早期最容易踩坑的四项最重要的"基本功"，它们分别是：货品能力、主播能力、内容能力和数据能力。

第一是货品能力。

老板上直播的第一步，就是要确定卖什么产品效果最好。选品这件事，听起来很简单：不就是找一个自己卖得好的产品直接商家上架，让主播疯狂吆喝一通吗？但这其实是抖音直播最基础的门道。

关于选品，其实两个问题最关键，第一是我应该卖什么？第二是怎么选品组合，我才能赚到钱？

1.选品的重要原则——关注转化，精简策略

关于卖什么的问题，大家千万不要忘了之前和大家提过的原则，直播和投流是一个逻辑，不同的商家商品，转化率是不一样的，你花钱投放的投入产出比是不一样的。最简单的一个办法，就是关注同行、关注带货榜，看看别人卖什么产品，用什么样的价格卖转化效果更好，然后结合自己的转化率不断测试迭代。

此外，在选择"卖什么"的时候，有的老板特别喜欢"贪多"。我知道的很多流水过亿的直播间，一晚上直播可以卖五六十个商品。但是商家自播最好的策略其实是精简选品的

数量。

道理很简单，大主播的人设，决定了他们有很多"死忠粉"会长时间逗留在直播间，但对于商家来说，大部分流量是你靠投放信息流广告进来的，基本上是"来一个走一个"。这个时候，"循环讲品"，只讲有限的几个转化率高的爆品，非常适合这类对特定商品感兴趣的"广告流量"。除此之外，精简选品还有一个好处，就是选品的难度大大降低了，主播也不需要每晚上记几十个产品的话术，这样初期的成功率才有保障。

2.选品的排列组合——"带节奏"和"吃口肉"的组合

直播间的商品，也需要根据销售目标，分为引流款、主推款、常规款和利润款。所谓的引流款和主推款，说白了就是带节奏，给直播间刷人气的货品。

据我所知，有的直播间有90%的销售额，都是由主推款贡献的，目的就是吸引粉丝在你的直播间产生购买行为。能做主推的产品，利润空间都不会很高，因为这些产品不是为了赚钱，纯粹就是要打爆直播间的流量。

所以选品的时候，除了常规款和主推款，我们还要穿插一些真正能给你带来利润的商品，要适当控制引流款的比重，最好不要超过10%。

3.货品的卖点——卖点可以讲很多

其实如何提炼货品的卖点，我们在讲如何写带货文案的部分，已经给过大家梳理的方法。但是我要提醒一点，直播间不同于短视频。

在视频里聊卖点，你能说的东西十分有限，还必须严格按照视频文案的要求来,用一种环环相扣、娓娓道来的方式,讲述产品如何帮买家解决他们的问题。但是直播间因为没有严格的时长限制,所以可以同时讲很多产品的卖点。

比如说,你可以和直播间里的粉丝,敞开了聊你们品牌的历史,你们在行业里的地位有多么高,你们的产品有多少明星大咖都在使用,你还可以不设限地跟粉丝讲解你的产品和同行相比有哪些不一样的核心优势等。这是直播间和短视频相比,卖点讲述的最大的一个不同。

第二是主播能力。

说到主播,我一定要先明确一个概念。在直播间里的主播,和你看到的举着手机拍短视频的主播,压根儿就是两码事。

直播能做得有模有样的主播,一定是那种口才出色、洞察人性、临场反应能力很强,带有明显"销售气质"的,这些特征,拍短视频的达人很难——对应。所以,老板如果要去招聘一个主播,最好是找那些曾经做过电视购物、干过微商,甚至是过去卖保险的"销售型人才"。比如,李佳琦就是一个从柜哥成功转型成带货主播的经典案例,你不妨就对照着李佳琦的特质,给自己物色合适的直播人才。

如果说具体一些,我们可以从以下几个维度去考量你招聘或者自己培养的人才是否能够胜任:

对货品的专业度:对商家的产品,是否能做到了如指掌、信手拈来;是否熟悉其他同行的产品,是否能够清晰地讲解品牌的卖点。

口才能力:语言表达是否逻辑清晰、简洁流畅;是否能用语言调动粉丝的情绪；是否善于积极地在直播间和粉丝沟通；是否善于把控直播间的营销节奏。

粉丝维护能力：是否能够关注粉丝的体验，能否站在粉丝的角度关注不同群体的需求；是否能够恰当地通过给予粉丝福利等方式实现有效地涨粉。

第三是内容能力。

从另外一个角度上讲，你的粉丝在直播间里看到的内容，本质上是他在短视频里刷到的内容的另外一个衍生品。比如说，东方甄选的直播间，之所以十分引人入胜，并不是它的商品卖得有多么便宜，也不是主播的颜值有多么吸引人，而是主播在直播间里的内容生产力，用优质的内容把粉丝吸引住。

当然，我们在直播间做内容并不需要像东方甄选那样引经据典、旁征博引。很多新手做商家店播，要先把一些影响用户直接体验或感受的元素运营好，这也是直播内容能力的一部分。这些基本元素可以分成以下两个方面：

1.直播画面

我们平时刷直播间会发现，不同的直播间给人的视听体验，会有明显的不同。有的直播间虽然具体说不上来是哪里有问题，但就是给人一种不舒服的感觉。如果直播画面给人的观感不舒服，用户肯定不愿意待特别长的时间，更别说在你这里下单购买商品了。

影响直播间视听体验的因素有很多，比如出镜的真人给人的第一印象、画质的音效、服化道的质感、声光背景的效果、贴图贴片及文字甚至是网络的流畅度，都会或多或少影响粉丝的观感。

如何把直播画面做好？我给大家的建议是不用去学很多的专业知识，但是一定要有不断迭代优化的意识。

为了让直播间的布景更美观，你不用研究太专业的舞台灯光摄像，你只需要多观察对比，你和同行的直播间，在我上面提到的因素当中，有什么明显的差距；你也可以做跨界借鉴，多去看其他赛道的直播间，有哪些元素可以嫁接到自己直播间当中。通过不断的小步迭代，你的直播画面会越来越优质。

2.直播话术

内容能力的第二个重点，就是主播的语言能力。其实你能观察到，布景相同的直播间，不同的主播上场的时候，测试出来的用户平均停留时长，乃至商品的点击和转化数据，会有天壤之别。

我们关注直播间的算法，有个规则十分重要：直播间里粉丝的互动行为，会直接影响官方给你的流量。如果一个主播不能很好地调动受众的情绪，不能主动引导粉丝和自己展开互动，那么这个直播间的命运一定不会好。

所以，我们要给直播间设计一套标准的话术，一定要围绕着"主动引导互动"这个目标来有针对性地发力。

说几个常见的引导互动的方式：

第一，你要善于主动提问，不要过于羞涩。比如，很多主播会说"想买这件产品的宝宝请扣1"。如果要买这件产品，直接让大家下单不就好了，为什么要多此一举让大家回答？目的就是增加和粉丝的互动数据。

第二，你要增加福利引导。比如要设置红包、福袋、优惠券，可以增加一些"机关"，让粉丝为了领取福利参加一些互动任务。

第三，贴图标签、热点话题以及观众连麦。等等。

总的来说，你会发现做直播与短视频有很多相通的地方，比如：直播的画面要力求观感的舒适度，让人刷到就有耳目一新的感觉，从而让人尽可能长时间地留在直播间；直播话术的设计，要围绕着"和粉丝产生互动关系"的目标，很像我们在做短视频的时候，要用各种手段让粉丝给你点赞、评论、转发。两者在推荐逻辑的底层原理上有共通之处。所以你会发现很多短视频操盘手，运营直播间也能快速上手、触类旁通。

不过，相较于更讲"套路"的短视频，直播间一定要在内容产出上有自己的特殊之处。直播间毕竟是个卖货的场域，所以在打造直播间的过程中，要充分吃透产品的核心卖点。

写在最后

很高兴你能看完这本不算精彩,甚至略带说教的书。

不知道这本书是否可以给到你一些继续战斗的动力,抑或是看完之后你厌了,觉得创业真的好难,咱干脆还是当个打工人吧。

不管怎样,这本书都算是一个老鸟对新手的弯路总结,希望可以做到,用我们的弯路,为你铺路的作用。

最后咱聊点虚的,这个世界上没有绝对正确的真理,也没有适合每个人的方法论。建立起自己的创业思维,才能更好地做成你想要做成的事情。每当你遇到困难时,感觉力不从心时,感觉天摇地动时,别慌。扛过去之后再回头看看,其实那些都不叫事儿。

有人说创业就是一次九死一生的旅程。过程烂到了想要骂街,可到达终点后,那一切路上的煎熬和委屈,也都会烟消云散。

人这一辈子，最怕的不是没钱，而是没有为了自己的理想拼一次。我从来都不鼓励别人创业，因为不是每个人都适合去创业。但如果你选择了这条路，那你干吗不再拼一下呢？

合伙人散伙、员工离职、客户不再合作、合作伙伴掉链子、投资方撤资、家人不理解、资金链紧张、房东要涨房租等等，这些其实都是创业路上你一定会遇到的难关，可我要送你最后一句话："当你把这些当作是难关的时候，他们个个都难以应对，但如果你把这些看作是一个个新的机遇时，这些都是让你变得更强的一次机会！"